RHS

ROSEN

Die schönsten Sorten auswählen, pflegen und gestalten

ROSEN

Michael
Marriott

INHALT

Einführung

Die Faszination der Rose

Seit Tausenden von Jahren schätzt man die Schönheit, den Duft und die Heilkraft der Rose. Zugleich steht sie oft für Liebe, ob zwischenmenschlich oder spirituell.

Darstellungen von Blüten mit fünf Kronblättern, bei denen es sich um Rosen handeln könnte, finden sich auf 7000 Jahre alten Tonscherben aus der chinesischen Jiangsu-Provinz. Auch auf altägyptischen Wandmalereien und in Hieroglyphen aus der Zeit um 2500 v. Chr. sowie in altgriechischen und römischen Schriften sind Rosen zu sehen. Der um 371 v. Chr. geborene griechische Gelehrte und Philosoph Theophrast schrieb über die wilde Hundsrose und Formen mit 12, 20 oder gar hundert Kronblättern. Diese frühen Zeugnisse belegen, dass Rosen schon damals bereitwillig mutierten und sich kreuzten, sodass neue Varianten entstanden – ein natürlicher Vorgang, der auftrat, als wilde Rosen in Gärten gepflanzt wurden.

Rosen in Asien

Konfuzius (551–479 v. Chr.) berichtet von Rosen in den kaiserlichen Gärten von Peking. Während der Han-Dynastie (206 v. Chr – 220 n. Chr.) kultivierte man sie an den Palastmauern. Bereits in der Tang-Dynastie (618–906 n. Chr.) galten die Chinesen als Rosenkenner. In der darauffolgenden Song-Dynastie begannen sie sich ernsthaft der Rosenzucht zu widmen, die schließlich in der Ming-Dynastie (1368–1644) zur Blüte gelangte. In seiner 1621 erschienenen *Qun Fang Pu* (*Enzyklopädie der Blumen*) beschreibt Wang Xiangjin viele der rund 100 Rosen, die damals in China kultiviert wurden.

Die »Chinarose« als Kategorie (S. 72) ist zwar unumstritten, doch die Namen der einzelnen chinesischen Sorten ignorierten westliche Botaniker geflissentlich, als sie sie nach Europa brachten. So wurde aus der Mu Hsiang, wörtlich »Hain des Wohlgeruchs«, die *Rosa banksiae*, während man Yue Ji, die »Rose der vier Jahreszeiten«, in *Rosa chinensis* umtaufte.

Der persische Prinz Humay begegnet der chinesischen Prinzessin Humayun in einem Garten
Diese um 1450 entstandene Miniatur der Heratschule stellt die Liebe auf den ersten Blick in einem Rosengarten dar.

Im Indien des 16. Jahrhunderts erwählte Großmogul Shah Jahan die rote Rose zu seinem Symbol. So finden sich an den Wänden des Taj Mahal viele Rosenmotive. Auch als Symbol der Schönheit kam sie zu Ehren: Der Hindu-Gott Vishnu schuf seine Gefährtin Lakshmi aus 108 großen und 1008 kleinen Blütenblättern der Rose. In Südindien spielte sie eine wichtige Rolle in der Kultur des Vijayanagar-Reichs (1336–1646). Der persische Diplomat Abdur Razzak stattete der Region 1443 einen Besuch ab und schrieb: »Überall werden Rosen feilgeboten. Dieses Volk kann nicht ohne Rosen leben. Es erachtet sie als ebenso lebenswichtig wie Nahrung.«

Auf der indonesischen Insel Java werden Rosen, die sehr stark der Sorte 'Cramoisi Supérieur' ähneln, und eine unbekannte hellrote Form in großem Stil für das muslimische Eid-Fest gezüchtet, bei dem sie als Schmuck für die Gräber Verstorbener dienen. Zum Einsatz kommen sie aber auch bei weiteren Zeremonien und Festlichkeiten wie Hochzeiten.

Knospende und blühende Rosen mit Schmetterlingen und Insekten
Dieses Gemälde der Chinesischen Schule entstand vermutlich im 18. Jahrhundert.

Rosen in Europa

Die alten Griechen und Römer nutzten Rosen als Ingredienz für Gerichte und Kosmetik. Das lässt vermuten, dass sie schon damals in großem Umfang angebaut worden sein müssen. Zugleich spielten sie eine wichtige Rolle in Ziergärten.

In der Antike wurde die Rose begeistert bei Festlichkeiten und Banketten eingesetzt. Sie stand für die Göttin Venus (und damit für Liebe und Sex), aber auch für Übermaß. Bei Cleopatras erster Begegnung mit Marcus Antonius bedeckten Rosen den Boden einen halben Meter hoch, während andere in Girlanden von der Decke hingen. Der römische Kaiser Heliogabalus ließ während eines Banketts im 3. Jahrhundert angeblich so viele Rosen von der Decke regnen, dass manche Gäste daran sogar erstickten, doch darf der Wahrheitsgehalt dieser Geschichte angezweifelt werden.

Mit der Zeit änderte sich das Image der Rose. War sie zunächst noch ein heidnisches Symbol römischer und griechischer Dekadenz, so bekam sie später sowohl im Christentum als auch im Islam zentrale Bedeutung. Sie avancierte zum Sinnbild der Jungfrau Maria, die der Dichter Sedulius im 5. Jahrhundert als eine »aus Dornen entsprungene Rose« beschrieb. Das vielleicht augenfälligste Zeichen für die Bedeutung ihrer Blüten im Christentum sind die prachtvollen Fensterrosen vieler Kirchen und Kathedralen. Etliche sind der Jungfrau Maria geweiht, die oft in der Mitte dargestellt ist.

Der allegorische *Roman de la Rose* über einen Protagonisten auf der Suche nach der Liebe seiner Angebeteten – der Rose im Titel – belegt, dass die Rose im 13. Jahrhundert nach wie vor für menschliche (und spirituelle) Liebe stand. Erzählt wird in dem Werk von einem Traum, in dem ein Liebender im Brunnen der Liebe inmitten eines ummauerten Gartens das Spiegelbild einer Rose erblickt und sich daraufhin auf die Suche nach ihr macht, um sie zu pflücken. Der Versroman wurde zu einem der einflussreichsten, aber auch umstrittensten Werke mittelalterlicher Literatur.

Wesentlich nüchterner sind die Aufzeichnungen eines Händlers aus dem 13. Jahrhundert, die in den Überresten einer Parfümwerkstätte der fränkischen Festung von Pylos im Südwesten des Peloponnes entdeckt wurden. Sie bezeugen den Handel mit Duftölen, bei denen auch Rosenöl eine Rolle spielte. Seine Herstellung erforderte zwangsläufig den Anbau einer großen Zahl von Rosen und den Einsatz ausgefeilter Destillationsgeräte, was beweist, wie sehr der Rosenduft geschätzt wurde.

Zauberhafter Rosenduft

Was machen die meisten Menschen – und sogar Kleinkinder – als Erstes, wenn sie eine Rose sehen? Sie riechen an ihr. Duftende Rosen haben eine einzigartige Wirkung: Sie beruhigen uns und heben gleichzeitig unsere Stimmung.

Düfte sind meist nach Warmwetterperioden mit anschließendem leichten Regen und hoher Luftfeuchtigkeit am intensivsten. Sie entwickeln und verändern sich nach dem Öffnen einer Blüte. Deshalb sollte man die Vielfalt von Wohlgerüchen nicht nur an einer einzigen Blüte beurteilen: Ist sie zu jung oder zu alt, riecht sie vielleicht überhaupt nicht. Prüfen Sie den Duft jeder Sorte regelmäßig. Düfte verändern sich oft von Stunde zu Stunde, von Tag zu Tag, von Saison zu Saison und sogar von Jahr zu Jahr sehr stark.

Am intensivsten riecht eine Blüte aller Wahrscheinlichkeit dann, wenn sie auch am schönsten ist. Es lohnt sich jedoch, den Geruch von zwei oder drei Blüten während unterschiedlicher Entwicklungsstadien zu prüfen, um den besten zu finden und Unterschiede festzustellen. Dabei sollte man nichts übereilen. Statt nur kurz und oberflächlich zu schnüffeln, riecht man mehrmals und versucht möglichst viele Duftstoffe in sich aufzunehmen. Dabei spielt es keine Rolle, ob Sie den Geruch zuordnen oder analysieren können. Genießen Sie ihn einfach so, wie er ist.

Rosen sind nicht zuletzt wegen ihres Dufts so beliebt geworden. Eine wichtige Rolle hat dabei vielleicht der kräftige Wohlgeruch von *Rosa gallica* und anderen Alten Rosen gespielt. Man unterscheidet fünf Hauptduftgruppen, die jeweils unterschiedlichen Klassen entstammen. Abgesehen von tropischen Epiphyten hat keine andere Pflanze ein so breites Duftrepertoire.

Alte Rose

Der archetypische Rosenduft. Es gibt subtile Unterschiede zwischen den einzelnen Klassen Alter Rosen (S. 68–71). Gallica-Rosen riechen kräftiger und schwerer, Alba-Rosen leichter und süßer. In moderneren Sorten mit Chinarosen im Stammbaum, etwa Bourbon-Rosen (S. 73) und Englischen Rosen (S. 82), macht sich ein fruchtiges Element bemerkbar.

Myrrhe

Damit ist nicht die Myrrhe aus der Bibel gemeint, sondern die Süßdolde (*Myrrhis odorata*), auch Myrrhen-Kerbel genannt, ein intensiv nach Anis riechendes Kraut. Die Note war ursprünglich typisch für die alte Rambler-Rose 'Splendens', die von der weißen Feld-Rose (*Rosa arvensis*) abstammt. 'Splendens' wiederum brachte die hellrosa Gallica-Rose 'Belle Isis' hervor, die der britische Züchter David Austin in seinem Zuchtprogramm einsetzte, vor allem als Elternteil seiner ersten Sorte 'Constance Spry', die intensiv nach Myrrhe duftet. Seither hat die Note Eingang in viele weitere Englische Rosen gefunden. Manche empfinden sie als unangenehm und tatsächlich ist sie bei manchen Sorten fast zu intensiv, doch kann sie auch sehr ansprechend sein, vor allem in Kombination mit anderen Duftelementen.

Rosen
Dieses Werk stammt von Albert-Tibule Furcy de Lavault (1847–1915), der für seine Stillleben mit Schnittblumen bekannt geworden ist.

»Der Duft von Rosen wirkt beruhigend und beeinflusst die Psyche positiv.«

Tee

Wie die Teeblätter, nach denen er benannt ist, stammt der Duft aus dem Fernen Osten. Er entstand durch Kreuzung der wüchsigen Kletterrose *Rosa gigantea* mit der buschigen, öfterblühenden *R. chinensis*. Man begegnet ihm in moderneren Sorten, vor allem Hybriden von Moschusrosen und Englischen Rosen. Sein Spektrum ist groß und reicht von Veilchen bis zu teerartigen Noten. In seinen schönsten Ausprägungen ein herausragender Duft.

Frucht

Dieser Duft umfasst eine große Bandbreite von Apfel, Erdbeere, Himbeere und Haferpflaume über Zitrusaromen bis hin zu tropischen Früchten wie Mango, Guave und Litschi. Zurückzuführen ist er in erster Linie auf zwei Eltern, *Rosa chinensis* und *R. wichurana*. Oft tritt er außerdem in Kombination mit anderen Düften auf, insbesondere Alter Rose, und verbindet sich mit ihnen zu einem wahrhaft köstlichen, regelrecht appetitanregenden Wohlgeruch. Viele Englische Rosen duften fruchtig.

Moschus

Während die Urheber aller oben beschriebenen Düfte die Kronblätter sind, stammt die Moschusnote von den Staubblättern und hat den großen Vorzug, lange in der Luft zu hängen. Moschus ist besonders häufig bei Rambler-Rosen, von denen viele kleine einfache bis halbgefüllte Blüten mit einem großen Staubblattbündel tragen. Moschus wird sehr häufig in Parfüms eingesetzt. In dem Duft schwingen oft Gewürznelken mit. Manche Sorten tragen eine optimale Kombination aus Blüten- und Staubblättern, sodass die Note sich harmonisch mit denen der Blütenblätter verbindet.

Laub und »Moos«

Nicht nur die Rosenblüten duften. Das junge Laub der Wein-Rose (*Rosa rubiginosa*) verströmt einen Apfelduft, der vor allem an warmen Sommerabenden zum Tragen kommt. Man kann sie so schneiden, dass sie viel Laub ansetzt. Der moosige Wuchs um die Knospen von Moosrosen und die Drüsenhaare um die Knospen von Gallica-Rosen riechen einnehmend harzig.

Die Seele der Rose
Bei diesem Gemälde von 1908 ließ sich John William Waterhouse angeblich von Alfred Lord Tennysons 1855 verfasstem Gedicht *Maud* inspirieren.

Gestaltung mit ROSEN

Rosengärten

Am intensivsten erlebt man Rosen in einem Beet oder Garten. Hier kann man sie als Bodendecker, Hintergrund oder Bewuchs für Bögen über Wegen einsetzen.

Der erste dokumentierte Entwurf für ein Rosarium stammt aus dem Jahr 1813. Er wurde von dem Landschaftsarchitekten Humphry Repton für das Ashridge House in Hertfordshire erstellt. Der Plan sah eine Reihe sargförmiger Beete vor, die um einen zentralen Brunnen herum angeordnet waren und ihrerseits von einem Ring rosenbewachsener Bögen eingefasst wurden. Für so einen Garten gab es damals allerdings kaum geeignete Rosen – vielleicht ein Beleg dafür, dass Repton wenig von Rosen wusste.

Mit der Entwicklung der Teehybriden Mitte des 19. Jahrhunderts kamen formale Rosengärten in Mode. Wie die Floribunda-Rosen später hatten diese neuen Züchtungen eine lange Blühsaison, sodass die Gärten den ganzen Sommer über bis in den Herbst hinein farbenfroh leuchteten. Zu den eifrigsten Anhängern dieser Art von Garten gehörten die Franzosen: Der großartige Roseraie de l'Haÿ wurde in den 1890er-Jahren und der Rosengarten im botanischen Garten Parc Bagatelle in Paris 1905 angelegt.

Die neue Gartenmode erwies sich als überaus erfolgreich. Bis ins späte 20. Jahrhundert kamen Rosen vorwiegend in formalen Gärten und Beeten zum Einsatz. In Hausgärten legte man manchmal einfach nur ein kleines rundes Beet, eventuell mit einer Hochstammrose in der Mitte, oder mehrere symmetrisch angeordnete Beete an. Jeder öffentliche Park musste einen Rosengarten enthalten. In diesen Monokulturen vermehrten sich Schädlinge und Krankheiten rasend schnell, was man mit Fungiziden und Pestiziden zu verhindern versuchte. Als sich später die Einstellung wandelte – und Gartenbesitzer begannen, die Finger von der chemischen Keule zu lassen –, wurden gemischte Pflanzungen en vogue (S. 24–33).

Einen Rosengarten planen

Auch wenn nichts gegen gemischte Pflanzungen spricht, lässt sich ein gut komponierter, gepflegter Rosengarten dennoch kaum toppen. Seine Beete müssen so mit Rosen gefüllt werden, dass wenig oder gar keine Erde zu sehen ist. In der Regel erfordert das einen Abstand von etwa 50 cm zwischen den einzelnen Sträuchern. Hat man größere Sorten, braucht man mehr Platz. Die Einzelbeete können mit einer Sorte oder, falls genug Platz ist, auch

Rosen im Überfluss
Im Garten des Unternehmens David Austin Roses in der englischen Grafschaft Shropshire dienen helle Kletterrosen als Kulisse für einen Teppich aus modernen Strauchrosen. Hie und da setzen dunkle Formschnittsäulen Kontrapunkte.

mit mehreren gefüllt werden. Farblich sind der Kreativität keine Grenzen gesetzt. Die Palette reicht von Pastellharmonien ('Queen of Sweden', 'Olivia Rose Austin' und 'Desdemona') bis hin zu üppig kontrastierenden Kaleidoskopen ('Empereur Charles IV', 'Golden Beauty' und 'Lovely Parfuma').

Verwenden Sie aufrechte Sorten, damit Sie dazwischen gut jäten oder welke Blüten entfernen können. Da Rosenpflanzungen Monokulturen sind, brauchen die Sorten viel Widerstandskraft gegen Krankheiten. Oft ist außerdem Remontanz und Duft gefragt. Das begrenzt die Auswahl auf Teehybriden, Floribunda-Rosen sowie einige Englische und Portland-Rosen.

Modern und architektonisch
In diesem neu angelegten Rosengarten in Glyndebourne in der englischen Grafschaft Sussex wurde ein geometrischer Brunnen mit Rosen in allen Schattierungen des Purpurspektrums eingefasst. Die Palette reicht von zartem Rosa bis zu dunklem Violett.

»Obelisken und Säulen geben einer Rabatte Höhe. So bleibt sie auch im Winter ansehnlich, wenn die Rosen weder Blüten noch Blätter tragen.«

Vielschichtig
Die Sorte 'Ballerina', einmal als Hochstamm und darunter in natürlicher Strauchform. Lavendel und eine geschnittene niedrige Einfassung bespielen den vorderen Bühnenrand.

Ein formaler Rosengarten hat fast überall Platz. Seine Beete können nur wenige Rosen enthalten – oder Hunderte wie in Queen Mary's Gardens im Londoner Regent's Park bzw. dem Victoria State Rose Garden in Australien. In seiner einfachsten Form besteht ein formales Rosarium aus vier Beeten um ein zentrales Rundbeet oder Wasserelement. Die Beete sind mit niedrigen Hecken eingefasst, etwa aus Eibe, Lavendel oder *Euonymus* 'Jean Hugues'. Buchsbaumhecken sind der Klassiker, heute allerdings riskant, da man mit dem Buchsbaumsterben oder dem Buchsbaumzünsler rechnen muss und die Wurzeln überdies in Konkurrenz zu denen der Rosen treten.

Einer Pflanzung Höhe geben

Mit Hochstamm- oder »Baum«-Rosen schafft man eine zusätzliche Ebene. Sie werden entweder in der Mitte der Rabatte platziert oder säumen Wege. Es gibt sie in unterschiedlicher Höhe. Ein großer Hochstamm trägt die Blüten etwa in 1,2–1,5 m Höhe und funktioniert in den meisten Rabatten. Niedrigere Formen eignen sich für Hochbeete und Töpfe, Hängeformen bilden Blütenpolster. Der Stamm selbst hat wenig Reiz und sollte mit anderen Rosen oder Pflanzen kaschiert werden. Hochstammrosen brauchen eine gute Stütze, etwa aus Edelkastanienholz, das 40 Jahre hält, ohne zu faulen.

Abwechslung in der Pflanzung

Statt nur gleich große Rosen zu pflanzen, kann man einen natürlicheren Look anstreben und Rosen unterschiedlicher Höhe und Form kombinieren. So lässt sich die polsterbildende 'Flower Carpet White' neben der höheren, aufrechteren 'Champagne Moment' platzieren oder die rundliche 'Scarborough Fair' neben der höheren, strauchigen 'Princess Alexandra of Kent'. Einige Sorten kann man sogar um ihrer Hagebutten und farbenfrohen Blätter willen mit ins Boot nehmen (S. 160–165). Verzichten sollte man dabei allerdings auf Wildrosen wie etwa Hybriden von *R. spinosissima*, die sich durch Ausläufer vermehren und ein Beet völlig in Beschlag nehmen können. Als Hintergrund einer Rabatte macht sich eine rosenbewachsene Mauer gut und Wege kann man mit einer Pergola überspannen.

Wer es mit einem Mittelding zwischen Rosengarten und gemischter Rabatte probieren möchte, pflanzt die Rosen in größeren Abständen und setzt niedrige Stauden oder Zwiebeln dazwischen. Aromatische Gewächse wie Lauch, Lavendel und Salbei halten Rosen gesünder. Frühjahrszwiebelblumen bringen Farbe in Beete, bevor die Rosen selbst ihren Auftritt haben. Die Zwischenräume müssen aber frei von pflanzlicher Konkurrenz bleiben.

Mischpflanzungen

Wer Rosen mit anderen Sträuchern, Stauden, Ein- und Zweijährigen sowie Zwiebelpflanzen kombiniert, hat zahllose Möglichkeiten, Farben und Formen in Kontrast zueinander zu setzen und so stimmungsvolle Gärten zu schaffen.

Rosen mit anderen Pflanzen zu kombinieren ist nicht, wie man meinen könnte, eine neue Mode: Schon im späten 19. und frühen 20. Jahrhundert begeisterte man sich dafür. Der Gärtner und Rosenfreund William Robinson wetterte bereits in seinem Bestseller *The English Flower Garden* von 1883 gegen die Gepflogenheit, Rosen nur in Rosengärten zu pflanzen. »Die edleren Blüten, allen voran die Rose, werden in unserer Zeit als ungeeignet für den Blumengarten [er meinte damit die gemischte Rabatte] erachtet«, schrieb er. »Ich beginne den Sommergarten mit der Rose. Zu lange hat man ihr den rechtmäßigen Platz verwehrt und sie in den Hintergrund verbannt.«

Die gemischte Rabatte bietet viele Vorzüge. Sie hat eine lange Blütensaison, sorgt dafür, dass Rosen gesünder bleiben, bietet eine Möglichkeit, Blau als Blütenfarbe ins Spiel zu bringen und – vielleicht der wichtigste Aspekt – unterstreicht die Schönheit der Rosen, da man sie mit gegensätzlichen Pflanzen kombinieren kann. Die meisten Strauchrosen entwickeln eine natürliche Wuchsform. Lediglich die formaleren Teehybriden, Floribunda-Rosen, Patio-Rosen und Miniaturrosen sind nicht leicht in Rabatten unterzubringen und eignen sich in der Regel besser für andere Gartenbereiche.

Gut funktioniert ein Rosen-Stauden-Verhältnis von 1:1, doch kann man sich auch auf eine einzige Rose beschränken, etwa die rosafarbene Damaszenerin ‘Ispahan’ oder die reichblühende, lachsrote ‘Lady of Shalott’. Noch mehr Wirkung erzielt man, wenn man, ausreichend Platz vorausgesetzt, drei Rosen dicht aneinander pflanzt, also mit einem Abstand von zwei Dritteln ihrer Breite, sodass sie aussehen wie ein einziger großer Busch.

Anlegen einer gemischten Rabatte

Wer ein gemischtes Beet oder gleich einen ganzen Garten neu anlegt, kann seine Pflanzung um Rosen herum planen. Setzen Sie Rosen ein, um ein Areal zu strukturieren: als Hintergrund an Mauern und Zäunen, als Blickfang neben Wegen oder an Bögen. Sobald Sie wissen, wo diese Strukturgeber wachsen sollen, können Sie sie mit Stauden und Blumenzwiebeln ergänzen – oder im ersten Jahr vorübergehend mit Einjährigen als Lückenfüller.

Medley
Überall in diesem farbenfrohen Garten finden sich Rosen: Strauchsorten setzen sich neben Wolfsmilch und Rittersporn in Szene, ein Baum wird von einer Rambler-Rose erstürmt, und den hinteren Zaun überwuchert eine Kletterrose.

Als Erstes berücksichtigt man bei der Planung einer gemischten Pflanzung, wie viel Platz Rosen brauchen. Mit Ausnahme robuster Wildrosen und ihrer Hybriden haben sie es nicht so gern, wenn ihnen andere Gewächse zu nahe kommen. Der Abstand sollte so groß sein, dass sie sich gerade noch berühren, damit die Blüten irgendwann Seite an Seite stehen. Addieren Sie als Faustregel die endgültige Breite der Rose und ihrer Nachbarin und teilen Sie diesen Wert durch zwei. Die Pflanzlöcher einer 1,2 m breiten Rose und einer 60 cm breiten Staude sollten also 90 cm Abstand haben. Direkt nach dem Einpflanzen sind sie klein und blühen vielleicht nicht einmal, sodass die Lücke zunächst zu groß erscheint. Trotzdem sollte man sich nicht verleiten lassen, sie enger zu pflanzen, denn Stauden und Zweijährige haben oft ein ausgedehntes Wurzelsystem. Es entzieht dem Boden viel Wasser und Nährstoffe, sodass für die Rose kaum noch etwas übrig bleibt.

Einjährige lassen sich dichter pflanzen. Sie haben ein kleineres Wurzelsystem, das dem der Rose nicht den Platz streitig macht. Oft blühen sie außerdem lange, weshalb es sehr gut aussieht, wenn sie durch Rosen hindurchwachsen. Probieren Sie es mit Kosmeen (in Rosa, Weiß, Magenta oder sogar Gelb und Orange), blauen, weißen oder rosa *Nigella* und orange- oder

Lebendes Gemälde
Im Englischen Garten von Yokohama in Japan verschmelzen orangefarbene Rosen und Hagebutten mit den helleren apricotfarbenen Tönen dahinter. Hohe Ziergräser, scharlachroter Salbei und ein Baum mit silbrigem Laub sorgen für Tiefe und Bewegung.

elfenbeinfarbenen *Calendula*, die niedrig bleiben und daher vor Rosen gut platziert sind. Zu den besten Rosenbegleiterinnen gehört *Phacelia tanacetifolia*, die normalerweise als Bodendecker eingesetzt wird. Sie treibt extrem leicht aus Samen aus, blüht rasch, hat hübsche blaue Blüten und übt vor allem auf Bienen und andere Insekten eine unwiderstehliche Anziehungskraft aus. Zwar breitet sie sich unbekümmert im ganzen Garten aus, doch kann man sie problemlos ausrupfen, wenn sie zu übermütig wird.

Viele Stauden neigen dazu umzufallen und auf ihren Nachbarn liegen zu bleiben. Jungen Rosenbüschen gefällt das gar nicht. Ein klassisches Beispiel für eine geringe Standfestigkeit ist die Katzenminze *Nepeta* 'Six Hills Giant': Sie wird hoch und fällt bei starkem Wind oder Regen um. Wer auf Nummer sicher gehen will, wählt niedrigere Sorten wie *N.* × *faassenii* 'Kit Cat'. Sind Rosen dagegen schon älter, kann eine leichte Instabilität – ob bei der Rose selbst oder der Staude daneben – ganz reizvoll aussehen. Viele Gallica-Rosen haben recht biegsame Triebe; wenn sie ihre Blüten auf Nachbarn legen, sieht das nicht schlecht aus.

Wer Rosen zu einer bestehenden Staudenrabatte hinzufügen möchte, sollte sie nicht in Lücken stecken. Gerade im Winter und Frühjahr kommen in Staudenrabatten nach dem Schnitt »Leerstellen« vor – sie mit Rosen zu füllen mag verlockend sein. Allerdings sind Stauden eifrige Lückenfüller, sodass eine hilflose junge Rose schnell unter einem Triebgewirr verschwindet. Weisen Sie Rosen nur dauerhaft freie Plätze in der Rabatte zu und stützen Sie Nachbarstauden, damit sie nicht umfallen, wenigstens in den ersten ein, zwei Jahren, bis die Rose sich selbst behaupten kann.

Kombinationen

Rosen zeichnen sich durch ungewöhnlich langen Flor aus. Die meisten blühen vom Spätfrühling oder Frühsommer bis zum Spätherbst oder Frühwinter. Frühlingsblumenzwiebeln verlängern die Saison zusätzlich. Viele blühen vom Spätwinter bis in das Frühjahr, wenn Rosen gerade geschnitten und daher am unansehnlichsten sind. (Achten Sie aber beim Schneiden der Rosen darauf, die Frühlingsboten nicht zu zertrampeln.)

Echter Blütenzauber indes entsteht, wenn Rosen und ihre Nachbarn zur gleichen Zeit blühen. Einige Rosen und andere Gewächse zu pflanzen und das Beste zu hoffen ist schön und gut, aber großartige Rabatten schafft nur, wer die Kunst der Kombination beherrscht und Protagonisten zusammenbringt, die sich gegenseitig in Szene setzen. Das ist nicht einfach, doch unglaublich bereichernd, wenn es funktioniert – und das, was am Gärtnern am meisten Spaß macht. Dabei gilt es nicht nur die Farbe, Höhe und Form der Pflanzen zu berücksichtigen, sondern auch ihren Charakter. Wie geometrisch-formal oder natürlich eine Pflanze wirkt, hängt unter anderem davon ab, wie sehr sie der natürlichen Wildform ähnelt. Eine große Wildrose etwa passt so gar nicht zu hochgezüchteten *Echinacea* oder *Antirrhinum*.

Versuchen Sie die Wuchsform der Rosen aufzugreifen, etwa indem Sie zwischen relativ aufrechte Sorten wie 'Queen of Sweden', 'The Lady Gardener' und 'James L. Austin' ähnlich aufragende Fingerhüte, Rittersporne und Lupinen pflanzen – oder mit eher rundlichen Gewächsen wie Katzenminze, winterharten Storchschnäbeln und staudigen Pfingstrosen Kon-

Das Sonnenlicht einfangen
Hier wurden die kräftig rosa Blüten von 'John Clare' mit Woll-Ziest unterpflanzt und haben Verstärkung durch *Perovskia atriplicifolia* bekommen.

»Echter Blütenzauber entsteht, wenn Rosen und ihre Nachbarn zur gleichen Zeit blühen.«

trapunkte setzen. Damit lassen sich auch die nackten »Beine« der Rosen kaschieren, falls vorhanden. Die meisten Strauchrosen allerdings wachsen eher rundlich und unregelmäßig und kontrastieren eher mit hohen, schmalen Stauden oder sommerblühenden Zwiebelpflanzen. Niedrige Bodendecker wie das Spanische Gänseblümchen (*Erigeron karvinskianus*), einige winterharte Storchschnäbel und Nelken (*Dianthus*) sind ideale Saumpflanzen, die das Niemandsland zwischen Rose und Rabattenrand füllen.

Eine Rolle spielt auch die Blütengröße. Die meisten Rosen haben größere Blüten als Stauden. Man kann sogar Sorten auswählen, die diesen Unterschied noch betonen. Die großen rosa Blüten von 'Olivia Rose Austin' etwa machen sich gut neben den kleinen blauen Blüten der Katzenminze. Ist die Saison schon fortgeschritten, opponieren die unzähligen kleinen Blüten von *Symphyotrichum* (ehemals *Aster*) 'Little Carlow' optisch reizvoll gegen die breiten, warmrosa, offenen Blüten von 'Eustacia Vye'. Doch es geht auch umgekehrt, etwa wenn es die kleinblütige violettrosa 'Sibelius' mit der bauschigen, blassrosa Pfingstrose 'Sarah Bernhardt' oder der weißen 'Matchball' vor einer Kulisse aus Stockrosen zu tun bekommt.

Die Höhe ist ein weiterer Faktor. Für optimale Farbkombinationen sollten die Blüten verschiedener Pflanzen nahe beieinanderstehen. Höhere Gewächse gehören hinter niedrigere, vor allem, wenn die Rabatte nur von einer Seite aus betrachtet wird, etwa weil sich eine Wand, ein Zaun oder eine Hecke dahinter befindet. Diese Regel ist aber nicht in Stein gemeißelt: Würde man alles strikt nach Höhe von hinten nach vorn staffeln, wäre Langeweile vorprogrammiert. Leichte Abweichungen von der Norm machen Rabatten lebendiger. Außerdem sollte jede Rose mit einnehmendem Duft gut erreichbar sein. Manchmal ist die Wirkung größer, wenn man eine Rose durch eine filigrane, lichte Pflanze wie das Gras *Stipa gigantea* oder die Zierdistel *Cirsium rivulare* 'Atropurpureum' hindurch sieht.

Die meisten Teehybriden mit ihrem relativ steifen, aufrechten Wuchs und den stilisierten, farbkräftigen Blüten passen nicht so recht zu den traditionellen Rosenbegleitern, die sich überwiegend durch kleine Blüten in weichen Farben und einen biegsamen Wuchs auszeichnen. Ein Mix aus Teehybriden in leuchtenden Farben, Floribunda-Rosen wie 'Golden Beauty', 'Fruity Parfuma' oder 'Natasha Richardson' und ähnlich lebhaftem, aufrechtem Fußvolk ist vielleicht nicht jedermanns Geschmack, kann aber trotzdem funktionieren – beispielsweise in einem Garten im Tropenstil.

Farbenspiele
Die wechselnden Farben von *Rosa* x *odorata* 'Mutabilis' harmonieren gut mit den geheimnisvoll dunklen Blütenköpfen von *Allium sphaerocephalon*.

Gut in gemischte Rabatten einflechten lassen sich natürlichere, elegante Teehybriden mit duftenden, ungefüllten Blüten wie die apricotfarbene 'Mrs Oakley Fisher' und die rosa 'Dainty Bess' oder andere mit Blüten nach Art Alter Rosen, etwa die cremegelbe 'Concorde' oder die zartrosa 'Amorosa'. Solche Teamplayer finden sich auch unter den Floribunda-Rosen: Weiße oder pastellfarbene Sorten wie 'Iceberg' und 'Champagne Moment' harmonieren mit anderen Gewächsen, und auch 'Lovely Parfuma' sowie 'Caroline's Heart', beide mit rosa Blüten, fügen sich bereitwillig ein.

Farbwirkung

Natürlich kann man Pflanzungen anlegen, ohne sich um Farbkombinationen zu scheren – ein grandioses Tohuwabohu hat auch etwas. Trotzdem lohnt es sich, die Palette zu reduzieren, um die besten Farbharmonien zu finden. Sie sollten dabei verwandte Töne zusammenbringen, etwa Gelb und Apricot, oder Komplementärfarben wie Gelb und Violett. Eine Reduzierung der Palette ist vor allem in beengten Räumen vorteilhaft.

Weiche Kontraste
In diesem gemischten Beet unterstreichen die blauen Blüten des Storchschnabels die weiche Blässe von 'Emily Brontë' und weißen Fingerhüten.

»Es lohnt sich, die Palette zu reduzieren, um die besten Farbharmonien zu finden. Gut funktionieren benachbarte Töne wie Rosa und Violett.«

Intensive Farben wirken kraftvoll und anregend, etwa wenn man die magentafarbene 'Empereur Charles IV' mit der späten *Aster × frikartii* 'Mönch' oder die violette 'Sibelius' mit einer dunklen Lupine wie 'Masterpiece' zusammenbringt, dafür fallen Missgriffe sofort auf. Wesentlich leichter lassen sich weiche Töne komponieren, denn Fehler stechen hier nicht so sehr ins Auge. Kombinieren Sie die weiße 'Summer Memories' mit Storchschnäbeln wie dem lila *G. renardii* oder dem weißen *G. macrorrhizum* 'White-Ness', 'Eustacia Vye' mit der hellrosa *Astrantia* 'Buckland' oder die weich apricotfarbene 'Stéphanie d'Ursel' mit der gelben, duftenden *Hemerocallis* 'Lemon Bells'. Wenn Ihnen eine Rabatte ausschließlich aus weichen Farben zu eintönig ist, schmuggeln Sie einzelne kräftige Akzente hinein.

Über perfekte Farbkombinationen zu theoretisieren ist schön, in der Praxis aber fällt es schwer, sich allein an Bildern oder Beschreibungen zu orientieren. Schneiden Sie daher nach Möglichkeit eine Blüte von der Rose, die Sie einsetzen möchten, und gehen Sie damit durch den Garten oder das Gartencenter, um sie mit anderen Pflanzen zu vergleichen. So bekommen Sie ein Gefühl für die besten Kombinationen. Manche funktionieren gar nicht, andere sind passabel und wieder andere schlagen voll ein.

Tragen Sie auch den unterschiedlichen Entwicklungsstadien einer Rosenblüte Rechnung. Die Knospen haben oft eine andere Farbe als die offenen Blüten, die sich mit der Zeit selbst noch sehr verändern können. Treten Sie zurück, um einen Gesamteindruck zu bekommen – wer nur das Stadium in Betracht zieht, das ihm am besten gefällt (oft die Knospe oder frische Blüte), kann eine sorgsam zusammengestellte Pflanzung ruinieren.

Juwelengleich
Hier behauptet sich 'Gertrude Jekyll' gegen saphirblaue Rittersporne und *Salvia nemorosa* 'Amethyst'. So entsteht ein vielfältiges Miteinander sich gegenseitig ergänzender Edelsteinfarben.

Die Strauchrabatte neu erfinden

Der Begriff »Strauchrabatte« hat etwas Altbackenes. Er beschwört Bilder von zugewucherten, düsteren, vernachlässigten Ecken herauf. Warum nicht mit hohen Rosen und anderen Blütensträuchern eine farbenfrohe, duftende Oase erschaffen, die das ganze Jahr gut aussieht? Einige lang blühende, überwiegend hohe Rosen, die hier funktionieren, sind die mehrfarbige *R. × odorata* 'Mutabilis', die hellrosa 'Clair Matin', die dunkelrosa 'Vanity' und die rosa-weiße 'Ballerina'. 'The Lark Ascending', 'Buttercup', 'Tottering-by-Gently', 'Morning Mist' und 'Penelope' tragen überdies Hagebutten.

Die Zaubernuss öffnet bereits im Winter Blüten. Ahorn und Berberitze warten mit schöner Herbstfärbung auf, Spindelstrauch, Skimmie und wieder Berberitze mit Winterbeeren. Sommerflieder, Hortensie, Pfeifenstrauch, Skimmie und Lavendel ergänzen mit ihren Blüten die der Rosen.

Rosen-hecken

Eine reine Rosenhecke aus einer oder mehreren Sorten macht viel her. Ganz nach dem Vorbild von Wildhecken lassen sich jedoch auch gemischte Hecken aus Rosen und anderen Sträuchern zusammenstellen.

Rosen können als farbenfroher, undurchdringlicher Grenzwall nach außen hin eingesetzt werden, genauso gut jedoch als niedriger, duftender Raumteiler innerhalb des Gartens. Vorzüglich für Außenhecken eignen sich standfeste, stachelige Wildarten. Sie remontieren zwar nicht unbedingt, setzen dafür aber im Herbst Hagebutten an. Ein Heckenklassiker ist *Rosa rugosa* nebst Hybriden (S. 161). Sie und ihre Abkömmlinge sind sehr robust und gesund, blühen lange und bilden kirschtomatengroße Früchte. Doch auch andere Wildrosen und ihre Hybriden oder einige moderne, kleinblütige Moschata-Hybriden wie 'Sweet Siluetta' und 'Grand-Duc Jean', Letztere mit karminroten Blüten und weißem Auge, bieten sich für Hecken an.

Ideal als garteninterne Raumteiler sind dagegen aufrechtere, kompakte und weniger stachelige, am besten auch noch angenehm duftende Rosen.

Blütenwall
Diese Hecke besteht aus der Strauchrose 'Sea Foam'. Sie ist Teil eines umfangreichen Landschaftsgestaltungsprojekts in Aurora im US-Bundesstaat New York.

Zeichen setzen
Hier hat sich 'Lady of Shalott' zu einer Hecke aus lebhaften Orangetönen formiert. Das Defilee gehört zum Garten des Unternehmens David Austin Roses in der englischen Grafschaft Shropshire.

Dazu zählen einige Englische und Floribunda-Rosen wie 'Queen of Sweden', 'The Lady Gardener' und 'Île de Fleurs'.

Da Rosenreihen recht eng gepflanzt werden (und noch dazu oft aus ein und derselben Art oder Sorte bestehen), müssen ihre Protagonisten allesamt sehr widerstandsfähig gegen Krankheiten sein. Als Faustregel für die Abstände gilt: halbe Breite als Zwischenraum. Das heißt, dass zwischen Rosen, die 1 m breit werden, 50 cm Abstand bleiben sollte. Man kann aber auch etwas enger pflanzen, wenn man viel Wert auf eine dichte Hecke legt – oder umgekehrt etwas großzügigere Abstände wählen, falls es eine luftigere Begrenzung sein soll, durch die man noch hindurchsehen darf.

Soll die Hecke naturnah wirken, kombiniert man Rosen unterschiedlicher Höhe und Breite oder mischt sie mit anderen Sträuchern – gerade Wildrosen kommen auch in freier Natur in solchen Biotopen vor. Man kann sich beispielsweise auf Wildrosen beschränken und sie mit Heckenkirschen, Feld-Ahorn, Schlehen oder Weißdorn kombinieren. Oder man setzt länger blühende Gartensorten mit Wildrosencharakter ein, etwa 'Île de Fleurs' oder 'Goldspatz', dazu *Lonicera periclymenum* 'Scentsation', *Lonicera* x *purpusii* 'Winter Beauty' und dazu vielleicht einen kleinen Zierapfel wie 'Evereste', der sich gut als Hecke schneiden lässt.

Hoch hinaus

Rosen sind die wahrscheinlich besten Kletterpflanzen: herrlich facettenreich und vielseitig, oft lange blühend und angenehm duftend. Für jede senkrechte Fläche im Garten gibt es die passende Sorte.

Für jeden potenziellen Standort braucht man eine Sorte der passenden Größe. Zu wüchsige Rosen können eine kleine Stütze ruinieren. Eine passgenaue Sorte braucht vielleicht länger, um ihren Reiz zu entfalten, ist dann aber pflegeleicht, blüht besser und sieht nicht deplatziert aus.

Mauern und Begrenzungen

Rosen lassen sich an vielerlei Standorten kultivieren, doch mit am häufigsten findet man sie vermutlich an Hausmauern neben Eingangstüren. In der Regel sind Kletterrosen dort erste Wahl, da mit Ausnahme der niedrigsten Sorten alle Rambler zu wüchsig und an Wänden daher nur schwer zu bändigen sind. Wählen Sie eine Rose mit einer möglichst langen Blütezeit. Einmalblühende Sorten können mit einer weiteren Kletterpflanze, etwa einer Clematis, ergänzt werden, um die Blühsaison auszudehnen.

Die Farbe der Blüten muss mit der Farbe der Wand harmonieren. Zu rotem Backstein passt in der Regel warmes Rosa oder Weiß. Wer auf Nummer sicher gehen will, hält einfach eine Blüte vor die Mauer. Bei gestrichenen Wänden und Begrenzungen fällt die Abstimmung leichter, doch auch hier muss die Farbe stimmen. Mit einer hellen Rose vor einer hellen Wand erzielt man wenig Wirkung. Für eine weiße oder cremefarbene Fläche beispielsweise sind Blüten in dunklem Rosa oder Violett, etwa von 'Gertrude Jekyll' oder 'Purple Skyliner', wesentlich besser. Einer zartgelben Wand wiederum gereicht eine gelbe oder apricotfarbene Rose wie 'Golden Gate', 'Ghislaine de Féligonde' oder 'Lady of Shalott' zur Zier. Nicht vergessen sollte man außerdem, dass unlackierte Holzzäune und ähnliche Flächen mit der Zeit ausbleichen.

Für einen 2 m hohen Zaun besorgt man sich am besten eine Kletterrose. Sie darf eine Endhöhe von 3 m erreichen, da sie ja fächerförmig erzogen wird. Oder man wählt eine größere Strauchrose, die diese Höhe locker schafft, insbesondere vor einer warmen Wand. Stützen bzw. fixieren lassen sich die Triebe am einfachsten, indem man sie an Drähte bindet, die zwischen Ösenschrauben gespannt werden (S. 222).

Kontrapunkte Eine dunkle Wand ist die perfekte Kulisse für die strahlenden, creme-gelben Blüten von 'Laura Ford'.

Bezaubernde Kletterkünstlerin
Hier erstürmt die Kletterrose 'Mary Wallace' eine rustikale Steinmauer. Das gelungene Ensemble kann im Rosengarten Les Jardins de Roquelin im französischen Loire-Tal besichtigt werden.

Bögen

Bögen sind dort am besten, wo sie eine klare Funktion im Garten erfüllen, etwa um den Übergang von einem Bereich zum nächsten zu markieren. Sie können aus Holz oder Metall sein, rustikal, minimalistisch oder reich verziert (allerdings kaschiert die Rose Verzierungen nicht selten größtenteils).

Metallbögen verrotten nicht und sind in unterschiedlichsten Ausführungen erhältlich. Pulverbeschichtetes Metall hält in der Regel sehr lang. Holz dagegen hat eine begrenzte Haltbarkeit, vor allem, wenn man das untere Ende direkt im Erdreich versenkt und nicht an Pfostenträgern oder Bodenhülsen aus Metall befestigt. Edelkastanienholz allerdings übersteht im Boden auch ohne Holzschutzmittel rund 40 Jahre. Der Bogen muss ungeachtet des Materials so stabil sein, dass er die Rosen auch bei starkem Wind trägt. Er sollte wenigstens 2,5 m hoch und 2 m breit sein, da man sonst nur schwer hindurchgehen kann, ohne an den Trieben hängen zu bleiben.

Verwenden Sie Sorten mit biegsamen Trieben, sonst bilden sich am oberen Ende unschöne senkrechte Ruten, die sich nur schwer anbinden lassen. Besonders gut für Bögen eignen sich viele kletternde Englische Rosen, aber auch Patio-Kletterrosen und Rambler-Rosen, da sie schon fast ab Bodenhöhe Blüten ansetzen, etwa 'Rambling Rosie' und 'Scent from Heaven'.

Blühender Laubengang
In den Butchart Gardens in Victoria (British Columbia, Kanada) bilden rosenbewachsene Bögen einen lebendigen Laubengang, durch den Besucher nur zu gern flanieren.

Stadtgrün
In diesem Hinterhofgarten rankt 'Rambling Rector' an Stahlträgern entlang. Dort bekommen die Rosen in dem halbschattigen Raum noch am meisten Licht.

Pergolen

Eine Pergola besteht im Grunde aus einer Reihe verbundener Bögen, die sich zu einem luftig-lichten Tunnel formen. Sie kann komplett aus Holz oder aus dauerhafteren Materialien wie Backstein- und Steinsäulen mit darübergelegten Holzbalken bestehen. Wie bei Bögen muss eine Pergola so hoch und breit sein, dass man ungehindert unter ihr hindurchgehen kann. Noch wichtiger aber ist, dass die Rosen biegsame Triebe haben, damit man sie problemlos horizontal erziehen kann – was die Auswahl mehr oder weniger auf Rambler-Rosen reduziert. Da diese aber meist nicht remontieren, kann man als Kompromiss eine Kletter- und Rambler-Rose zugleich an die Pfosten pflanzen: Die Kletterrose begrünt die senkrechten Bauteile und blüht später in der Saison, während die Rambler-Rose nach oben wächst und die Querstreben erobert, sodass ihre Blüten elegant herunterhängen. Damit die Säulen fast ab Bodenhöhe mit Blüten besetzt sind, werden die Triebe in einem Winkel von etwa 45 Grad um sie herumgeführt.

Obelisken und Säulen

Obelisken geben Rabatten Struktur und Höhe. Gut sehen sie auch im Winter aus, wenn die Rosen daran kahl sind. Es gibt sie in unterschiedlichsten Formen und Größen. Ganz wichtig: die passende Höhe. Ist der Obelisk zu niedrig, verschwindet er, ist er zu hoch, dominiert er den Garten zu sehr.

Obelisken haben eine klare geometrische Form. Damit sie optimal zur Geltung kommen, brauchen sie einen Bewuchs, der zu ihrer Größe passt und nicht zu sehr wuchert. Gut geeignet sind deshalb gar nicht so sehr Kletter- oder Rambler-Rosen, sondern eher aufrechte, höhere Strauchrosen wie 'The Lady Gardener', 'Summer Memories' und 'The Ancient Mariner'. Damit sie möglichst viele Blüten auf engem Raum ansetzen und nicht zu hoch werden, führt man ihre Triebe spiralig um sie herum. Nicht ratsam ist die Begrünung mit einer sehr wüchsigen Rose, denn sie überwuchert den Obelisken zu stark, was letztlich ungepflegt und struppig wirkt.

Wie Obelisken können auch Säulen einer Rabatte Höhe geben und nehmen sogar noch weniger Bodenfläche in Anspruch. Da sie in der Regel nicht dicker als 10–15 cm sind, lassen sich Rosentriebe jedoch nicht so leicht um sie herumflechten. Mehr Wirkung erzielt man daher, wenn man drei, vier Säulen mit 20–30 cm Abstand zueinander in Dreiecks- oder Quadratform aufstellt und die Rosen außen herumführt. Säulen brauchen Rosen passender Höhe, die sich gut im Zaum halten lassen. Dazu gehören einige der niedrigeren kletternden Englischen Rosen, ferner Patio-Kletter- und Rambler-Rosen wie 'Lady of the Lake', 'Open Arms' und 'Rambling Rosie'.

»Rambler-Rosen eignen sich vorzüglich für Bäume, denn ihre Blüten hängen wie Girlanden von den Ästen.«

Bäume als Stütze

Ein von Rosen bewachsener Baum, von dem Blüten in langen, duftenden Girlanden – und bei entsprechender Auswahl auch noch Unmengen kleiner oranger oder roter Hagebutten – herabhängen, ist ein grandioser Anblick. Rambler-Rosen eignen sich für Bäume im Allgemeinen besser als Kletterrosen, denn sie konkurrieren erfolgreicher mit dem Gehölz und kaskadieren dank ihrer biegsamen Triebe eleganter von den Ästen. Gerade an Bäumen wird der Nutzen der Stacheln offenkundig: Sie sind die Organe, mit denen sich die Rosen festkrallen. So mag eine stachellose Rambler-Rose auf den ersten Blick die bessere Wahl sein, doch wird sie viel leichter durch starken Wind von ihrer Stütze gerissen. Je mehr Stacheln eine Rose trägt und je stärker gekrümmt diese Stacheln sind, desto besser klammert sie sich fest.

Wichtig ist auch, die Wüchsigkeit der Rose auf die Größe des Baums abzustimmen: Eine ultrawüchsige Rambler-Rose wie 'Climbing Cécile Brunner', die 8 m hoch wird, sieht an einem großen Baum wie etwa einer Eiche oder Buche fantastisch aus, überwuchert aber einen kleinen oder mittelgroßen rasch und kann ihn sogar ersticken. Der Baum wird dann irgendwann umfallen. Ein solcher stimmungsvoller Rosenhaufen hat zwar auch seinen Reiz, ist aber nur dort sinnvoll, wo viel Platz zur Verfügung steht.

Für mittelgroße Gehölze wie Birken, Haseln und alte Apfelbäume bieten sich mäßig wüchsige Rambler-Rosen wie 'Adélaïde d'Orléans' und 'Francis E. Lester' an. Sie werden rund 5 m hoch, sodass auch der Baum selbst noch sichtbar bleibt. Die ideale Begleiterin für Kleinbäume wie Weißdorn und Kirsche sind 2–4 m hohe Rosen wie die rosa 'Debutante' oder 'Paul Noël'. Letztere ist zudem öfterblühend, eine Seltenheit bei Rambler-Rosen.

Blütenbekränzt
Die großblütige 'Pierre de Ronsard' rankt im Yokohama Rose Garden in Japan an einem Baum hoch. Ihr zu Füßen liegen allerlei weitere Schönheiten wie 'Princess Alexandra of Kent', 'Sakurajima', 'Hiroshima-no-Kane' und 'Pēnelopeia'.

Begleiter

Rambler- und Kletterrosen sind selbst exzellente Stützen für andere Kletterpflanzen. Die Auswahl potenzieller Begleiter in allen erdenklichen Größen ist riesig. Während aber eine kleine Kletterpflanze bedenkenlos an einer großen Rose hochwachsen kann, ist die umgekehrte Kombination, also etwa eine *Clematis montana* an einer 3 m hohen Kletterrose, nicht empfehlenswert, denn die Rose würde dabei völlig überwuchert werden.

In erster Linie geht es bei der Partnerwahl aber darum, entweder die Zeit, in der die Rose ansehnlich bleibt, mit anderen Kletterpflanzen zu verlängern – vor allem, wenn sie sich wie die meisten Rambler nur im Frühsommer für kurze Zeit in ihrer ganzen Pracht zeigt – oder die Pflanzen so zu kombinieren, dass sie sich gegenseitig ins rechte Licht rücken. Ideal sind dafür vielleicht Clematis. Es gibt sie in unterschiedlichsten Formen und Größen; zudem findet man für jede Jahreszeit eine Sorte und auch solche, die über viele Monate hinweg remontieren. 'Shimmer' blüht violett bis

Rosenglück in Apricot
Die apricotgelbe Kletterrose 'Crépuscule' hat sich hier in Kalifornien mit den satt goldgelben und pflaumenroten Blüten von *Abutilon* 'Orange Hot Lava' verbündet.

»Betonen Sie die Schönheit Ihrer Rosen, indem Sie ihnen kontrastierende Pflanzen zur Seite stellen.«

blau und wird etwa 2 m hoch. 'Rebecca' erreicht 2,5 m und trägt rote Blüten. Beide blühen von Mai bis September. Mit Rosen harmonieren die Sorten der späten *Clematis viticella*, etwa die rosaviolette 'Abundance', die dunkelviolette 'Black Prince' und die weiße 'Alba Luxurians', die alle 3–4 m hoch werden.

Für das Frühjahr eignen sich *Clematis macropetala*-Hybriden. Sie blühen im April und Mai und werden etwa 3 m hoch, z. B. die weiße 'Albina Plena' oder die violette 'Octopus'. Die blaue *Clematis alpina* 'Pamela Jackman' blüht sogar schon im März und April. *Clematis rehderiana* und *C. tangutica* nebst Hybriden sind wüchsiger und tragen von Juli bis Oktober gelben Flor. Sie sehen zu Rambler-Rosen gut aus und haben dekorative Samenstände.

Clematis haben ein ausgedehntes Wurzelsystem, das mit dem der Rose konkurriert. Daher lässt man die Rose am besten die ersten zwei, drei Jahre solo oder pflanzt die Clematis in mindestens 1 m Entfernung.

Auch Geißblätter sind unschätzbare Kletterpflanzen, aber oft so wüchsig, dass sie kleinere Rosen überwuchern. Zu den kompakteren Vertretern gehören die cremegelbe *Lonicera etrusca* 'Superba', die rote *L.* x *brownii* 'Dropmore Scarlet' und *L. periclymenum* 'Scentsation'. Sie alle blühen in etwa zur gleichen Zeit wie Rosen.

In milden Gegenden mit nur leichtem Frost empfehlen sich das Blauglöckchen *(Billardiera heterophylla)* mit leuchtenden Blüten, *Jasminum officinale* 'Devon Cream' und *Trachelospermum*-Hybriden steuern cremeweiße oder weiße, duftende Sternblüten bei. Passionsblumen winden sich eifrig durch größere Rosen hindurch und verleihen etwas exotischen Touch.

Gut lassen sich oft kletternde Einjährige mit Rosen kombinieren, da ihre Wurzeln sich nicht so aggressiv ausbreiten wie die von mehrjährigen Arten. Zudem blühen viele sehr lange. Man kann sie aussäen oder im Frühjahr als Setzlinge kaufen. Die violette *Cobaea scandens* blüht bis zum Herbstende und macht sich gut neben Rosen mit kräftigen Farben wie der apricotfarbenen 'Lady of Shallot' oder der karminroten 'Climbing Étoile de Hollande'.

Ipomoea purpurea trägt blaue, rote, rosa oder violette Trompetenblüten, die spektakulär aussehen, wenn sie aus einer kräftig rosa Rose wie 'Gertrude Jekyll' hervorlugen. Auch Duftwicken (*Lathyrus odoratus)*, speziell die alte Sorte 'Cupani', lassen sich gut mit Rosen kombinieren. Ihre rotbraunen und violetten Blüten sind unschlagbar im Verbund mit der apricotfarbenen und rosaroten *Rosa* x *odorata* 'Mutabilis'. Duftwicken brauchen viel Feuchtigkeit. Sie blühen besser, wenn man sie ab und an durchdringend gießt.

Wer tropische Farben bevorzugt, etwa zur Unterstützung kräftiger Teehybriden, setzt auf *Thunbergia alata*, die orangefarbenen Blüten mit dunkelbraunem Auge öffnet. Es gibt auch Sorten in Rosa, Gelb oder Cremeweiß.

Rosen für den Herbst und Winter

Sie möchten in den düsteren Monaten mit Rosen Schwung in den Garten bringen? Probieren Sie es mit lange blühenden Sorten, solchen mit farbenfrohem Herbstlaub und Hagebutten sowie dekorativ erzogenen Rambler-Rosen.

Die allermeisten in Gärten kultivierten Rosen sind öfterblühend und haben verglichen mit anderen Zierpflanzen eine sehr lange Blühdauer. In der Regel beginnt die Blüte im Frühsommer und endet in gemäßigten Zonen im Spätherbst. Manche tragen an geschützten Standorten und bei entsprechend milder Witterung sogar bis Weihnachten Flor. Vor allem Teerosen haben sich als Marathonblüher erwiesen, brauchen aber ein ganzjährig warmes Klima, um ihr Potenzial auszuschöpfen. Auch Chinarosen, insbesondere *Rosa* x *odorata* 'Bengal Crimson' und 'Mutabilis', blühen fast endlos; fordern aber im Rest des Jahres nicht ganz so viel Wärme ein. In Klimazonen, deren Winter klimatisch dem Sommer gemäßigter Zonen entspricht, zeigen die meisten öfterblühenden Rosen ihre besten Blüten sogar in der »kalten« Jahreszeit, während sie den heißen Sommer als Ruhephase nutzen.

Manche Sorten bieten auch noch eine ansprechende Herbstfärbung auf, allen voran *R. spinosissima* 'Grandiflora', *R. virginiana*, *R. nitida* und *R. setigera*.

Frostige Eleganz Auf dem Anwesen von Dunrobin Castle in Schottland sind die fast kahlen Triebe dieser Kletterrosen an zeltförmigen Gerüsten ein überaus ansprechendes Winterdekor.

Winterliche Schönheit Wenn die Temperaturen sinken, kann es vorkommen, dass Raureif die lange haltenden Blüten von 'Bonica' veredelt.

Das Laub von *Rosa rugosa* nimmt eine zarte Gelbfärbung an, bevor es abfällt, allerdings ist die Farbenshow nur von kurzer Dauer.

Hagebutten sind ein bunter Winterschmuck (S. 158–163), sofern man Sorten verwendet, deren Früchte lange Bestand haben. Die Früchte von *Rosa sericea* beispielsweise fallen ab, kaum dass sie Farbe bekommen haben. *Rosa rugosa* sowie einige chinesische Arten wie *R. moyesii* und *R. sweginzowii* tragen bis in den Frühwinter hübsche Hagebutten, andere bieten sie selbst über den Hochwinter hinaus noch auf. Weil bei Rosen in der Regel ein Abzwicken welker Blüten empfohlen wird, geben Anbieter nur selten an, welche Sorten Hagebutten bilden und wie lange sie an der Pflanze bleiben. Deshalb lohnt es sich, an manchen die Blüten nicht zu entfernen, um zu sehen, was passiert.

Kombinieren Sie Rosen, die Hagebutten tragen, mit anderen Sträuchern, die für schöne Herbstfärbung und dekorative Früchte bekannt sind, etwa *Cornus sanguinea* 'Midwinter Fire', *Aucuba japonica* 'Crotonifolia' oder *Skimmia japonica* 'Nymans'. Winterblüher wie *Edgeworthia chrysantha*, *Lonicera fragrantissima* und *Corylopsis pauciflora* schließen die Lücke zum nächsten Jahr und bringen bis zum Frühjahr Abwechslung und Farbe in den Garten.

Die wüchsigeren unter den Rambler-Rosen lassen sich zu dekorativen Formen erziehen, sodass sie schon zwischen Schnitt und Austrieb einen hohen Zierwert haben. Statt ihre langen, biegsamen Triebe zu kürzen, windet man sie kreisförmig um ihre Stütze. Das hat auch den Vorteil, dass sie mehr Blüten ansetzen. Kletterrosen sind dafür im Allgemeinen zu steif und mögen es außerdem gar nicht, wenn man ihre Triebe nach unten führt.

Un- günstige Standorte

Nicht in allen Gärten herrschen Idealbedingungen für Rosen, sei es weil Platz oder Licht Mangelware sind, der Boden zu karg bzw. gar nicht vorhanden ist oder Extremtemperaturen herrschen. Doch Abhilfe ist möglich.

Magere Böden

Die meisten Rosen brauchen halbwegs gute, durchlässige Böden. Arbeitet man verrottete organische Substanz in das Erdreich ein (S. 208–209), kommen sie auch mit suboptimalen Bedingungen zurecht. Hat man besonders flachgründige oder durchlässige Böden, lohnt es sich, robuste Sorten wie 'Bonica', *Rosa* x *alba* 'Semiplena' oder *Rosa* x *richardii* auszuprobieren. In sehr sandigen Böden sind Wildrosen, die in freier Natur küstennah vorkommen, etwa *Rosa rugosa* oder *R. spinosissima*, erste Wahl. Auch ihre Hybriden sollten gut gedeihen, sofern man sie nicht veredelt oder wenigstens so tief pflanzt, dass ihr Stammansatz eigene Wurzeln bilden kann.

Rosen sind zwar für feuchte Böden dankbar, vertragen zumeist aber keine dauerhafte Nässe. Eine Ausnahme bilden die amerikanischen Wildarten *Rosa palustris* und *R. californica,* die beide kräftig rosa, ungefüllte Blüten öffnen. Sie haben sich an wassergesättigte Böden angepasst. Auch *R. virginiana* gedeiht auf relativ nassem Untergrund, selbst am Rand von Salzwiesen.

Pflanzgefäße

Ist das Erdreich partout nicht rosentauglich, kann man Rosen auch gut in großen Pflanzgefäßen kultivieren (S. 211–212). Ton und glasiertes Steingut bewahren die Wurzeln besser vor Kälte als Kunststoff, dennoch muss man die Töpfe bei Temperaturen unter −15 °C an einen geschützten Platz stellen oder in Sackleinen bzw. Luftpolsterfolie wickeln, denn Pflanzen in Gefäßen sind empfindlicher als solche im Freilandboden.

In Pflanzgefäßen werden Rosen weder von Nachbarpflanzen bedrängt noch beschattet. Sie wachsen deshalb generell eher zur Seite hin und werden rundlicher. Dennoch ist es am besten, mit einer kompakten, relativ buschigen Sorte wie 'Desdemona' oder 'Fruity Parfuma' einzusteigen, da zu viele aufrechte Triebe im Topf sehr auffallen. Remontanz und Duft sind wünschenswert, wenn nicht sogar unabdingbar. Auch sollten Topfrosen widerstandsfähig gegen Krankheiten sein, denn der begrenzte Platz kann die Pflanzen unter Stress setzen, sodass sie krankheitsanfälliger werden (die bessere Luftzirkulation wiederum senkt das Risiko). Viele Englische Rosen sind ideale Topfpflanzen, aber auch Floribunda-Rosen, allerdings ist deren Stärke nicht unbedingt der Duft. Potenzielle Kandidaten sind außerdem die kleineren Vertreter, also Miniatur-, Patio- und Polyantha-Rosen, von denen aber ebenfalls viele nicht duften (weitere Empfehlungen auf S. 118–123).

Auch niedrige Kletter- und Rambler-Rosen wie 'Rambling Rosie' und 'Open Arms' lassen sich in Töpfen kultivieren und dort zur Begrünung von Mauern und Begrenzungen einsetzen. Einige Halb- oder Niederstämme sind ebenfalls topftauglich. Man unterpflanzt sie am besten mit Begleitgewächsen wie dem Spanischen Gänseblümchen (*Erigeron karvinskianus*).

Wenn man eine Rose in einen Topf setzt, wird sie automatisch zum Blickfang, vor allem, wenn es sich um eine kleine Sorte handelt, die in einem gemischten Beet untergehen würde. Spaß macht es, andere Pflanzgefäße um sie herum zu arrangieren und mit unterschiedlichen Kombinationen zu experimentieren. Dabei kann man die Zusammenstellung je nach Saison verändern und beispielsweise winterliche Blattschmuckpflanzen wie *Bergenia purpurascens* var. *delavayi* oder *Heuchera* ins Spiel bringen, später Frühjahrsblumenzwiebeln hinzufügen und im Sommer schließlich noch Stauden oder Sommerblumen aufbieten. In einem sehr großen Pflanzgefäß lässt sich eine Rose eventuell sogar unterpflanzen, etwa mit Blaukissen (*Aubretia*) oder *Phlox subulata*, die über den Rand hängend wachsen.

Extreme Temperaturen

Rosen gedeihen in Mitteleuropa gut. In wintermilden Regionen oder geschützten Stadtgärten kann man sogar Teerosen kultivieren; auch Chinarosen blühen bei günstiger Witterung fast das ganze Jahr. In Gegenden mit heißen Sommern gedeihen Wildrosen aus Klimazonen, in denen ähnliche Bedingungen vorherrschen, etwa *R. gallica* und die chinesische *R. hugonis*.

Wie viele Mindestgrade Rosen aushalten, hängt von der Art und Sorte ab. Kartoffel-Rosen und andere Wildarten aus nördlichen Zonen stecken weit unter −20 °C weg (Z5). Die meisten kommen bedenkenlos mit −10 °C (Z8) oder sogar −15 °C (Z7) zurecht. Heftige Temperaturstürze, gefolgt von milden Tagen im Februar und März, tun ihnen aber nicht gut. Ist große Kälte vorhergesagt, kann man sie mit Nadelbaumzweigen schützen. In rauen Gegenden wickelt man sie in Sackleinen oder packt die Stämme in Erde, Stroh und Laub. Besonders empfindlich sind Rosen in Töpfen, doch kann man sie in eine unbeheizte Garage oder einen Schuppen stellen.

Unter toskanischer Sonne
Der Rosengarten des Borgo Santo Pietro in Italien. Hier blüht die weiße 'Winchester Cathedral' einträchtig neben der dunkelroten 'The Prince'. Jedes Beet wird von einer niedrigen Buchshecke eingefasst.

Schatten

Selbst wenn manche Rosen für Schatten empfohlen werden, heißt das nicht, dass sie ganz ohne direkte Sonne auskommen. Es handelt sich vielmehr um Sorten, die sich mit vier Stunden Sonne am Tag begnügen – die meisten Gartenbesitzer würden solche Lichtverhältnisse als »halbschattig« bezeichnen. Dank dieser Genügsamkeit ergeben sich viele zusätzliche Gestaltungsmöglichkeiten, vor allem in kleinen Stadtgärten, in denen die Gebäude und Bäume der Umgebung einen guten Teil des Tages ihre Schatten auf das

Areal werfen und die Gewächse sich durch die dichte Pflanzung gegenseitig das Licht wegnehmen. Selbst vor nach Norden gerichteten Mauern und anderen Begrenzungen lassen sich Rosen erfolgreich kultivieren, solange sie nicht auch noch von Westen oder Osten beschattet werden.

Einmalblühende Sorten wie 'Alba Maxima', 'Ispahan' und 'Celsiana' kommen oft besser mit Schatten zurecht als remontierende. Trotzdem überleben auch viele der letzteren Kategorie. Weil Laub im Schatten aber länger nass bleibt, ist das Krankheitsrisiko etwas größer. Deshalb sollte man robuste Sorten wie 'Olivia Rose Austin' und 'Joie de Vivre' wählen.

Langtriebige Sorten wachsen an schattigen Plätzen zum Licht und blühen oft schlechter. Stämmigere, buschigere Sorten wie 'Kew Gardens' und 'Bonica' schlagen sich besser, vor allem unter Bäumen. Rambler-Rosen dagegen klettern durch die Bäume und gelangen irgendwann zur Sonne.

Vielschichtig
In dieser gemischten Rabatte spielen 'Felicia', 'Munstead Wood' und 'Gertrude Jekyll' tragende Rollen. Die Pflanzung ist in mehreren Etagen in einer Abfolge von Trockenmauern angelegt und sorgt für Höhe.

Der Natur nachempfunden

Viele moderne Rosen – und auch die Wildrosen, von denen sie abstammen – wirken sehr natürlich und eignen sich daher ausgezeichnet für naturnahe Pflanzungen.

Naturgärten

Ihr Garten soll natürlich und ein bisschen »wild« aussehen? Dann legen Sie einen romantischen Cottage- oder Bauerngarten an, in dem sich Rosen mit alten Zierpflanzen wie Pfingstrosen, Rittersporn und Margeriten verbünden. In kleinerem Rahmen tut es auch ein Bogen oder eine Wand mit einem Bewuchs aus Rambler-Rosen und Geißblatt. Selbst moderne Pflanzungen aus Ziergräsern und großen Strauchrosen sehen sehr natürlich aus.

Damit ein naturnaher Garten seine Wirkung entfaltet, müssen alle seine Pflanzen wenigstens ein bisschen nach Wildnis aussehen. Das erreicht man am besten mit Wildrosen (S. 64) sowie den Wildarten der Stauden und Blütensträucher, die man dabeihaben möchte. Allerdings sind gerade sie nicht immer leicht aufzutreiben und oft auch sehr wüchsig oder schwer zu bändigen. Wildrosen etwa werden meistens zugleich hoch und breit und nehmen in jede Richtung 2 m in Anspruch. Hat man einen kleinen Garten, besteht der Trick darin, Gartenhybriden zu finden, die wild aussehen und Tiere anlocken, sich aber nicht aggressiv ausbreiten, klein bleiben und öfter blühen. Auf diese Beschreibung passen 'Lupo', 'Ballerina', 'Morning Mist', 'Scented Carpet', 'Centre Stage', 'Scabrosa' und 'Fru Dagmar Hastrup'.

Selbst Rosen mit halbgefüllten Blüten bieten sich an, solange sie den natürlichen, strauchigen, oft überhängenden Wuchs der Wildart behalten haben und nicht zu farbintensiv sind. Zu den robustesten Vertreterinnen gehören die einmalblühenden Sorten, etwa *Rosa* x *alba* 'Alba Semiplena', 'Celsiana', *R. gallica* var. *officinalis* und *R. gallica* 'Versicolor' (*R. mundi*). Naturgartentauglich sind sogar manche öfterblühenden Sorten, allen voran Moschus-Rosen wie 'Penelope', 'Vanity' (sie leuchtet höchstens etwas zu kräftig) und 'Trier', die zu beachtlichen Sträuchern heranwachsen, oder die zartgelben, wesentlich niedrigeren 'Daybreak' und 'Callisto'.

Perfekt eignen sich einige Englische Rosen wie etwa 'Scarborough Fair', 'The Lady's Blush', 'Skylark' (mit halbgefüllten, mittelrosa Blüten) und 'Comte de Champagne'. Weitere empfehlenswerte moderne Sorten sind 'Clair Martin', 'Île de Fleurs' und 'Pink Roadrunner'. Sie machen sich gut zwischen Wildpflanzen oder zumindest solchen, die wild aussehen, brauchen aber etwas mehr Aufmerksamkeit und Pflege, denn direkt neben Gräsern und anderen Pflanzen haben sie es mitunter schwer, sich zu behaupten.

Ist genug Platz vorhanden, kann man eine Rambler-Rose auch ungehindert und ohne Stütze wachsen lassen, sodass sie einen beeindruckenden Strauch bildet. Durch den überhängenden Wuchs bildet sie besonders viele Blüten – und damit auch Hagebutten. Vor dem Einpflanzen müssen aber alle mehrjährigen Unkräuter entfernt werden, denn später machen die Rosentriebe das Jäten zur Tortur. Wer sie etwas mehr nach oben führen möchte, kann eine 1,5–2,5 m hohe Kletterhilfe mit dreieckiger oder quadratischer Grundfläche errichten. Geeignet sind 'Francis E. Lester', 'Adélaïde d'Orléans', 'Rambling Rector', 'Polyantha Grandiflora' sowie die nicht ganz so wüchsigen, öfterblühenden 'The Lady of the Lake' und 'Open Arms'.

Wiesen mit Rosen

Rosen fügen sich gut in Wiesenpflanzungen ein. Man kann sie als Begrenzungshecke (S. 34–35) einsetzen oder mitten in die Wiese pflanzen, wie

Wiesenpaare
Die zartgelben Blüten von 'Tottering-by-Gently' verbünden sich hier mit Margeriten.

Natürlich wild
Mit ihrem hohen, überhängenden Wuchs bereichert *Rosa* 'Cerise Bouquet' diese Wiese im Rockcliffe Garden in der englischen Grafschaft Gloucestershire.

man es oft auf Almwiesen sieht. Der Konkurrenzdruck durch Gräser bremst ihren Wuchs, sodass sie natürlicher wirken. Außerdem setzen sie mehr Hagebutten an und entwickeln schönes Herbstlaub.

Rose und Wiese müssen zueinander passen. Ist Platz knapp, etwa auf einer höchstens 5 m^2 großen Fläche, sind niedrige, kompakte Arten wie *Rosa spinosissima*, *R. nitida* und *R. gallica* ratsam. Steht etwas mehr zur Verfügung, kann man es mit *Rosa rugosa*, *R. palustris*, *R. virginiana* oder *R. woodsii* probieren. Die größte Auswahl erlauben ausgedehnte Wiesen; hier lassen sich auch gelbe Mitstreiterinnen wie *Rosa xanthina* fo. *hugonis*, *R. ecae* und *R. primula* gut einsetzen. Hinzu kommen einige fast wilde Hybriden wie *R. xanthina* 'Canary Bird', 'Cantabrigiensis' und 'Headleyensis'.

Auch an großen Wildrosen in Weiß, Rosa und Rot mangelt es nicht. Die wahrscheinlich bekannteste, gartentauglichste Form ist 'Geranium', eine *Rosa moyesii*-Hybride mit kräftig roten Blüten und scharlachroten, flaschenförmigen Hagebutten. Ähnlich sind *Rosa setipoda* und *R. sweginzowii* mit reichlich Blüten in hellerem Rosa. Ihre Hagebutten fallen zwar ins Auge, halten aber nicht lange und verlieren im Frühwinter bald ihre Farbe und pralle Form. Ebenfalls aus China stammen die reich blühenden, robusten, verlässlichen *R. davidii* und *R. multibracteata*, die zudem noch ordentlich Hagebutten aufbieten. Besondere Erwähnung verdient *R. sericea* fo. *pteracantha*, die »Stacheldrahtrose«. Sie hat sehr große, flache, leuchtend rote Stacheln, die spektakulär aussehen, wenn die Sonne durch sie hindurchscheint. Weil die Stacheln aber nur an Jungtrieben sitzen, muss sie jedes Jahr kräftig zurückgeschnitten werden. *R. roxburghii* trägt prächtige Blüten und Hagebutten und wächst zu einem schönen Strauch heran.

Einige nordamerikanische und europäische Arten eignen sich gut als große Sträucher für Wiesen. Sie tragen alle Blüten in verschiedenen Rosatönen und ihre Hagebutten halten in der Regel länger als diejenigen chinesischer Arten, manchmal sogar den ganzen Winter. *R. californica* und *R. nutkana* stammen aus Nordamerika, *R. villosa*, *R. rubiginosa* und *R. canina* sind in Europa heimisch. Ferner gibt es einige ausgezeichnete Hybriden von Wildrosen, die natürlich aussehen und problemlos auf Grasflächen wachsen. Dazu gehören *R.* x *hibernica* von *R. canina*, 'Scarlet Fire' von *R. gallica* und die Frühlingsserie von *R. spinosissima*, darunter etwa 'Frühlingsgold'.

Auch Gartenrosen mit ungefüllten oder halbgefüllten, natürlich wirkenden Blüten funktionieren oft. Zu den Besten dieser Kategorie gehört *Rosa* x *alba* 'Semiplena', eine außerordentlich zähe, anpassungsfähige Sorte. 'Violacea' trägt leidlich große, auffällige, dunkelviolette Blüten, nur leider keine Hagebutten. Wesentlich moderner ist 'Complicata'. Sie erschien erstmals Anfang des 20. Jahrhunderts, fügt sich aber hervorragend in natürliche Pflanzungen ein. Auf ihre rosa Blüten folgen große, rundliche Früchte. Aus der Gruppe der öfterblühenden Rosen bieten sich 'Topolina', 'Tottering-By-Gently' und 'The Lady's Blush' an. Sie sind außerdem hart im Nehmen, auch wenn sie etwas mehr Pflege brauchen, weil man beispielsweise den Raum um ihren Ansatz herum frei halten und mulchen muss.

Tierfreundliche Rosen

Dank ihrer langen Blütezeit und den Hagebutten im Herbst und Winter locken Rosen gerade die Pflanzen in unsere Gärten, die wir dort am liebsten sehen, also etwa Bienen, Schwebfliegen, Kleinsäuger und Vögel.

Rosenblüten werden gern von Insekten aufgesucht. Es fehlt ihnen zwar der Nektar, doch die Pollen sind sehr nahrhaft. Sie enthalten viel Eiweiß, Aminosäuren, Kohlenhydrate, Fette und Vitamine. Honig- und Holzbienen sowie Hummeln bringen sie in ihre Nester zurück und füttern ihre Brut damit. Schwebfliegen und Käfer verputzen sie direkt auf der Blüte.

Wie wertvoll eine halbgefüllte oder gefüllte Rose für Bestäuber ist, lässt sich leicht herausfinden. Sie brauchen dazu nur die Blütenblätter beiseitezubiegen und einen Blick in die Mitte zu werfen: Sehen Sie ein ordentliches Bündel Staubblätter, stehen die Chancen gut, dass der Pollen von Tieren

Winternahrung Die roten Hagebutten der Hundsrose (*Rosa canina*) sind im Winter, wenn Futter Mangelware ist, für Vögel eine wichtige Nahrungsquelle.

gesammelt oder verspeist wird. Viele Insekten wühlen sich gern nach drinnen, sofern sich die Mühe lohnt. Die Blüten von 'Lady of Shalott' etwa sind nicht zu stark gefüllt und ihre Staubblätter gut zugänglich. Bei sehr stark gefüllten Blüten sind die Staubblätter hingegen zu kleinen Blütenblättern umgewandelt und damit für Insekten wertlos. Wer Wert darauf legt, Tiere anzulocken und zu unterstützen, sollte diese Sorten meiden.

Hagebutten sind für Tiere von unschätzbarem Wert. Es gibt sie in unglaublich vielen Formen, Größen und Farben. Einige halten reif nur wenige Wochen, andere bleiben den ganzen Winter über am Strauch. Bei gekonnter Planung kann man der Tierwelt vom Hochsommer (*R. sericea* und *R. fedtschenkoana*) bis zum darauffolgenden Frühjahr ('Grouse', 'Partridge' und 'Polyantha Grandiflora') einen gedeckten Tisch bieten. 'Bonica' und 'The Generous Gardener' sind eine Seltenheit, denn sie haben relativ gut gefüllte Blüten und zugleich einen ordentlichen Fruchtansatz. Wer eine Rose, die ihre Hagebutten den Winter über behält, in Hausnähe pflanzt, hat einen guten Blick auf die gefiederten Besucher, die sich daran gütlich tun.

Wenn es darum geht, der Tierwelt Gutes zu tun, bieten Wild- und Rambler-Rosen mit ihren offenen Blüten und vielen Hagebutten das Beste beider Welten. Vor allem Rambler sind hinsichtlich der Zahl der Blüten und Früchte eine Klasse für sich. Eine altehrwürdige *Rosa filipes* 'Kiftsgate' oder 'Francis E. Lester' setzt Tausende Blüten und Hagebutten an. Gerade Letztere sind für Vögel wertvoll, denn sie haben die richtige Größe, um einzeln abgezupft und zügig hinuntergeschluckt zu werden. Alte Rambler-Rosen

Bienenfreundliche Blüten
Weil die Rambler-Rose 'Goldfinch' offene Blüten hat, gelangen Hummeln leichter an ihren Pollen.

Reich gedeckter Wintertisch Hier mischen sich die scharlachroten Hagebutten von *Rosa rubiginosa* mit den dunkleren Beeren des Weißdorns und reifenden Brombeeren. Sie sind im Herbst und Winter wertvolle Nahrung für Vögel.

wiederum bieten Vögeln Schutz, da sie in ihnen in sicherer Höhe sitzen können. *Rosa rugosa* und einige ihrer Hybriden setzen viele schöne, große, saftige Hagebutten an, die von Vögeln und Kleinsäugern geschätzt werden.

Alle Früchte, die übrig bleiben, fallen irgendwann ab oder werden beim Schnitt mit entfernt. Man lässt sie am besten auf dem Boden liegen – sie dienen entweder Kleinlebewesen als Nahrung oder werden von Pilzen und Bodenorganismen zersetzt, sofern sie nicht austreiben.

Ein naturnaher Garten bietet allerlei Säugern, Vögeln und Insekten Unterschlupf. Bei wenig Platz können Sie Begrenzungen mit einem Rosengewirr begrünen. Schneiden Sie sie nicht so formal, damit sie etwas buschiger wachsen. Noch besser ist eine gemischte Hecke mit Rosen wie *R. rubiginosa* oder *R. glauca* sowie weiteren Sträuchern und Kletterpflanzen, die Tiere anlocken, z. B. Heckenkirsche, Schlehe, Weißdorn und Feld-Ahorn. Wer genug Platz hat, kann auch ein Rosendickicht anlegen (S. 53).

»Halten Sie Ausschau nach Spuren der Blattschneiderbiene. Ihre fein ausgeführten Schnitte sind Kunstwerke.«

Nicht nur Tiere mit einer Vorliebe für Pollen und Hagebutten mögen Rosen, auch weniger populäre Gäste schätzen sie, etwa Blattläuse, die ihren Saft saugen, Bienen, Käfer und Raupen, die vom Laub leben, oder Insekten, die sich in die Triebe bohren. Sie schädigen die Rosen zwar, dienen aber auch anderen Tieren als Nahrung. Ein klassisches Beispiel sind Blattläuse, die sich schlagartig vermehren können, von einer gesunden Nützlings- und Vogelpopulation aber in Schach gehalten werden. Blattläuse sind ein wesentlicher Bestandteil des Ökosystems im Garten. Deshalb sollte man auf eine Bekämpfung mit künstlichen Mitteln unbedingt verzichten.

ROSEN

Klassen

Die Entstehung der Gartenrose

Die unglaublich vielen Blütenvarianten, Farben, Wuchsformen und Düfte der heute erhältlichen Rosen entwickelten sich hauptsächlich in den letzten 200 Jahren.

Vor rund 500 Millionen Jahren entstanden die ersten Pflanzen. Rosen entwickelten sich jedoch erst im Eozän vor etwa 35 Millionen Jahren, wie fossile Funde aus Asien vermuten lassen. Bei weiteren Fossilien aus Colorado und Oregon in den USA handelt es sich wahrscheinlich um *Rosa nutkana* und *R. palustris*, die beide noch in Nordamerika vorkommen. Heute gibt es schätzungsweise 150 Wildrosenarten, von denen aber nur acht bei der Züchtung der vielen Tausend Gartenrosen umfassend eingesetzt wurden.

Anfangs waren wohl alle neuen Rosen das Ergebnis von Zufallskreuzungen in Gärten oder Mutationen bestehender Arten. Erst im 18. und frühen 19. Jahrhundert entwickelten Botaniker – ähnlich wie die heutigen Züchter, die jährlich mehr als 100 000 Setzlinge kultivieren – umfangreiche Zuchtpläne. Dennoch entstanden weiter alle neuen Rosen durch zufällige Kreuzungen mit Bienen als natürlichen Helfern. Erst ab Mitte des 19. Jahrhunderts wurden gezielt spezielle Sorten entwickelt. Einer der ersten Rosenzüchter war der britische Gärtner William Paul, doch scheint ihm die Arbeit zu umständlich und langwierig geworden zu sein, denn nach einiger Zeit hörte er auf, die Eltern der Neuentwicklungen zu notieren.

Mit François Lacharme aus Lyon (dessen einzige heute bekannte Rosenzüchtung 'Madame Plantier' ist, S. 175) und dem Engländer Henry Bennett (seine bekannteste Züchtung heißt 'Mrs John Laing') setzte sich die neue, wissenschaftlichere Vorgehensweise durch. Bennett war eigentlich ein Rinderzüchter aus der englischen Grafschaft Wiltshire. Strikte Zuchtprogramme waren für ihn nicht neu. Er errichtete modernste Zuchtstationen

Lebendige Geschichte
Diese drei Sorten veranschaulichen die Entwicklung der Rose in den letzten Jahrhunderten: von einer wildrosenähnlichen Hybride (links) über eine frühe moderne Hybride (Mitte) bis zur modernen Hybride (rechts).

Rosa gallica var. *officinalis*

'Président de Sèze'

'Royal William'

Formenvielfalt Hochstamm-, Rambler- und Strauchrosen in den Gärten der Mottisfont Abbey in Großbritannien.

mit beheizten Gewächshäusern und brachte 1879 zehn »Rassehybriden der Teerose« heraus, die 1890 in »Teehybriden« umbenannt wurden. Die erste anerkannte Teehybride war 'La France', gezüchtet von Jean-Baptiste Guillot jr. und 1867 eingeführt, obwohl nicht sicher ist, wer die Eltern waren.

Seither hat man die Rosenzucht sehr verfeinert, obwohl in den meisten Fällen nach wie vor dasselbe Verfahren zur Anwendung kommt: Mit einem Messer oder einer Schere werden die Staubgefäße geerntet und mit einem Pinsel die Pollen aufgetragen. Inzwischen spielen Computer eine wichtige Rolle bei der Bestimmung der besten Eltern und Kreuzungen. Jedes Jahr entwickeln die größten Züchter mehr als 100 000 Kreuzungen und setzen über 100 Eltern ein, um mehrere Hunderttausend Samen zu produzieren. Die Setzlinge werden zunächst jahrelang Feldtests unterzogen, bevor eine Entscheidung fällt, welche Sorten marktfähig sind. Von der Kreuzung bis zur Einführung vergehen in der Regel zehn Jahre. Entscheidend bei der Entwicklung besserer Sorten sind exakte Aufzeichnungen. Die Chance, bessere Nachkommen zu bekommen, die sich deutlich von ihren Eltern unterscheiden, ist extrem gering. Sobald eine neue Rose vorhanden ist, muss sie vielfach vermehrt und schließlich auf den Markt gebracht werden.

Wildrosen und ihre Hybriden

Wildrosen tragen die einfachsten Blüten. Sie haben viel Charakter und gedeihen an unterschiedlichsten Standorten. Die meisten brauchen allerdings jede Menge Platz.

Rosen kommen in freier Natur nur nördlich des Äquators vor. Ihr Verbreitungsgebiet reicht von Nordamerika über Europa, Nordafrika und dem Nahen Osten bis Asien. Es gibt etwa 150 Arten, die meisten in Asien. Allerdings erschweren Variationen innerhalb jeder Art und ihre Neigung zur Hybridisierung eine exakte Zählung. Die Hunds-Rose (*Rosa canina*) etwa kann sich vegetativ vermehren und bildet viele Formen. Botaniker sind sich uneins, ob sie als eine Art oder viele verschiedene zu behandeln sind.

Die allermeisten Wildrosen blühen in Rosa- oder Weißtönen; darüber hinaus gibt es einige rote und gelbe Arten. Sie tragen fünf Kronblätter – mit Ausnahme der *Rosa sericea*-Gruppe, die nur vier hat. Sehr variabel sind ihr Duft (sowohl was die Intensität als auch den Charakter betrifft), die Wuchsform und die Höhe. Zu den niedrigsten Arten gehört *R. spinosissima*, die nur rund 15 cm hoch wird, wenn sie auf Sanddünen wächst und starken Winden ausgesetzt ist. Einige große, kletternde Arten in warmen Regionen Asiens können aber 15 m hoch werden und weit in Bäume hineinwachsen.

Rosa glauca

Rosa bracteata

Die meisten Wildrosen blühen einmal pro Saison. Eine Ausnahme bilden *R. rugosa*, *R. bracteata* und *R. fedtschenkoana*. Die Hagebutten von Wildrosen unterscheiden sich in Größe, Form und Farbe beträchtlich. Manche bleiben Monate an der Pflanze haften, andere fallen bald nach der Reife ab.

Manche Wildrosen sind ausgezeichnete Gartenpflanzen, etwa *R. moyesii*, *R. roxburghii* oder *R. glauca,* und sehen inmitten von hohem Gras oder an Bäumen hochkletternd großartig aus. Sie brauchen wenig oder überhaupt keine Pflege und sollten nicht geschnitten werden. Natürlich sind sie alle hervorragende Natursträucher für Tiere, denen sie Pollen, Früchte und ein sicheres Versteck zwischen den stacheligen Trieben bieten.

Kartoffel-Rosen

Zu den nützlichsten Wildarten gehört die Kartoffel-Rose (*Rosa rugosa*). Sie kommt an den Küsten von Nordjapan, Nordkorea, Nordostchina und Sibirien vor. Deshalb ist sie unglaublich winterhart, verträgt salzige Winde und karge Böden und ist praktisch frei von Krankheiten. Ihr intensiver Duft entspricht dem von Alten Rosen. Außerdem blüht sie – eine Seltenheit bei

R. × cantabrigiensis (gelbe Blüten, links) wird hier von kugelig geschnittenen Formschnittgehölzen, Wiesen-Kerbel und Vergissmeinnicht begleitet.

Wildrosen – mehrmals pro Saison. Auf ihre Blüten folgen große Hagebutten. Kein Wunder, dass sie intensiv bei der Zucht zum Einsatz kommt.

Die besten Hybriden sind so gesund und winterhart wie die Elternart. Sie gedeihen in heißen wie kühlen Sommern. Es gibt ungefüllte und gefüllte Sorten. Die meisten tragen Blüten in Rosa, Weiß und Violett – zu den empfehlenswertesten gehören 'Hansa', 'Roseraie de l'Haÿ' und 'Blanche Double de Coubert'. Ein paar Sorten sind ferner apricotfarben und gelb, darunter 'Agnes'. Manche von ihnen haben sich die großen Hagebutten des wilden Elternteils bewahrt. Leider sind nicht alle Sorten so widerstandsfähig gegen Krankheiten, vor allem Rosenrost, wie *R. rugosa*. Rugosa-Rosen wachsen zu 2 m hohen oder noch größeren Sträuchern heran. In letzter Zeit sind aber auch kleinere, lediglich 1 m hohe Sorten auf den Markt gekommen.

Bibernell-Rosen

Rosa spinosissima, die Bibernell-Rose, ist eine äußerst robuste Art. Ihr natürliches Verbreitungsgebiet erstreckt sich von Island über Europa und Nord-

'Roseraie de l'Haÿ'

Rosa spinosissima 'William III'

afrika bis Asien. Sie ist unter mehreren Synonymen bekannt, das häufigste lautet *R. pimpinellifolia*. Weitere Vulgärnamen sind Dünen-Rose oder Stachel-Rose. Sie wächst häufig an Küsten, wo sie höchstens 15 cm hoch wird – unter günstigeren Bedingungen erreicht sie allerdings 1 m. Sie trägt viele Stacheln und kleine Blätter. Die zierlichen weißen Blüten öffnen sich früh, duften angenehm nach Maiglöckchen, setzen runde schwarze Hagebutten an und trumpfen zum Saisonausklang mit prächtiger Herbstfärbung auf.

In der ersten Hälfte des 19. Jahrhunderts wurden Hunderte Formen und Hybriden selektiert und eingeführt. Sie alle tragen kleine Blüten, unterscheiden sich jedoch in der Anzahl der Kronblätter: Manche Blüten setzen sich aus fünf zusammen (etwa die sehr schöne 'Dunwich Rose', S. 131), einige wenige aber auch aus zehn (die gefüllte, weißblütige Form). Farblich reicht das Spektrum von Weiß über alle Rosatöne ('Andrewsii') bis Violett ('William III') und Gelb (*R.* × *harrisonii* 'Williams' Double Yellow'). Manche sind zweifarbig und auf der Unterseite anders gefärbt ('Single Cherry', S. 138) oder tragen zweifarbige Kronblätter ('Marbled Pink').

»*R. spinosissima* ist eine ausgesprochen robuste Rose. In freier Natur wächst sie auf Sanddünen.«

Keine der älteren Sorten ist öfterblühend, sieht man von 'Stanwell Perpetual' ab, einer reizenden Rose mit großen, stark gefüllten, intensiv duftenden Blüten. Das neu gestiegene Interesse an der Art hat dazu geführt, dass einige öfterblühende Sorten wie 'Silas Marner' und 'Peter Boyd' auf den Markt gekommen sind. Letztere ist nach dem weltweit anerkannten Fachmann für Bibernell-Rosen benannt.

Die ältesten Gartenrosen

Sie blühen nur einmal pro Saison. Ihre Blüten setzen sich aus vielen Kronblättern zusammen und riechen nach »Alter Rose«, also dem typischen Rosenduft.

Gallica-Rosen

Gallica-Rosen sind die ältesten Gartenrosen und stammen von der Essig-Rose (*Rosa gallica*) ab, einer niedrigen, ausläuferbildenden Art aus Süd- und Mitteleuropa mit hellrosa bis roten Blüten und oft auch noch einem intensiven, sehr angenehmen Duft. Ihre Hybriden tragen dunkles Laub, fast keine Stacheln und Blüten vorwiegend in Rosa und Violett, obwohl es auch gestreifte Sorten gibt. Viele haben einen vollen, intensiven Duft.

Die älteste und daher wohl auch meistkultivierte Gallica-Rose ist *R. gallica* var. *officinalis*, die womöglich schon zur Römerzeit bekannt war. Enorme Bedeutung gewann sie im mittelalterlichen Frankreich, wo sie für medizinische, kulinarische und kosmetische Zwecke vielfach angebaut wurde. *R. gallica* 'Versicolor', auch *R. mundi* genannt, ist ein gestreifter Sport (so nennt man eine spontane Mutation) aus dem 16. Jahrhundert.

Die meisten Gallicas entstanden im 19. Jahrhundert in Frankreich. Zu den besseren Sorten gehören 'Tuscany Superb', 'Charles de Mills', 'Président de Sèze' und 'Ipsilanté'. Sie sind meist robust, verlässlich und unkompliziert und passen gut in gemischte Rabatten, bilden aber leicht Ausläufer.

'Charles de Mills'

'Celsiana'

Damaszener-Rosen

Damaszener-Rosen sind wie Gallica- und Alba-Rosen eine sehr alte Gruppe und mit einer einzigen faszinierenden Ausnahme einmalblühend. Man kann sie meist gut von den Gallicas unterscheiden, denn ihre Triebe sind biegsamer und stacheliger, die Blätter heller grün und die Blüten weiß oder hellrosa. In der Regel duften sie noch intensiver und angenehmer. Aus einer kollektiv 'Kazanlik' genannten Sortengruppe wird Rosenöl gewonnen.

Ihr Ursprung ist noch nicht ganz geklärt. DNA-Analysen deuten darauf hin, dass sie von *Rosa gallica*, *R. moschata* und *R. fedtschenkoana* abstammt. Der Pollen von *R. gallica* befruchtete das Ovulum einer *R. moschata*. Daraus entstand eine Hybridrose, die wiederum als Samenelten mit Pollen von *R. fedtschenkoana* bestäubt wurde. Rosen hybridisieren zwar bereitwillig, doch wie diese drei Arten zusammenkamen, ist unklar, denn ihre Verbreitungsgebiete überlappen sich nicht. Es muss in einem Garten passiert sein.

'Quatre Saisons' (S. 150) ist die einzige öfterblühende Alte Rose und möglicherweise mit jener lange blühenden Rose identisch, die angeblich schon zur Zeit der alten Griechen und Römer kultiviert wurde (S. 8–11). Es gibt jedoch auch wunderschöne einmalblühende Damaszener-Rosen, beispielsweise 'Madame Hardy', 'Ispahan' und 'Celsiana'.

»Von den geschätzt 150 Wildrosen waren nur acht an der Züchtung der heute gebräuchlichen Gartenrosen beteiligt.«

Rosa x *alba* 'Alba Semiplena'

Alba-Rosen

Alba-Rosen sind die vielleicht edelsten der drei ältesten Rosengruppen. Sie tragen graugrünes Laub, wachsen stämmig und aufrecht und öffnen weiße oder hellrosa Blüten. Viele duften vorzüglich. *Rosa* x *alba* 'Semiplena' ist wahrscheinlich eine der ältesten Gartenrosen und war wohl schon zur Römerzeit bekannt, was sie zweifellos ihrem reichen Besatz aus Hagebutten und auch den schönen Blüten mit exquisitem Wohlgeruch verdankt.

Wie DNA-Analysen vermuten lassen, handelt es sich um Kreuzungen von *Rosa gallica*- und *R. canina*-Sorten. Die robuste Gruppe ist zäh und überlebt jahrelange Vernachlässigung. Manche Sorten zählen zu den besten Rosen für schattige Standorte und sehen gut in gemischten Pflanzungen aus. Die meisten wurden im 19. Jahrhundert gezüchtet – zu den besten gehören 'Alba Maxima', 'Königin von Dänemark' und 'Great Maiden's Blush'.

'Fantin-Latour'

Zentifolien

Zentifolien sind die am wenigsten gartentauglichen unter den einmalblühenden Alten Rosen. Sie lassen sich oft schwierig im Zaum halten. Ihre Blüten sind etwas zu schwer; außerdem sind sie anfällig für Krankheiten. Aber es gibt Ausnahmen. Sowohl *Rosa* x *centifolia* (die Urform) und 'Fantin-Latour' tragen schöne Blüten. Nicht alle duften, manche aber sehr fein.

Zentifolien haben ihren Ursprung vermutlich im späten 16. Jahrhundert und sind das Ergebnis einer in Holland erfolgten Kreuzung zwischen mehreren Gallica- und Damaszener-Rosen. Die ursprüngliche Form findet sich oft in holländischen und flämischen Blumenstillleben. Sie wurde etwas unvorteilhaft Kohlrose genannt, obwohl alte Kräuterkundler sie auch als Königin der Rosen bezeichneten. Eine Reihe von Zentifolien sind ungewöhnliche Sports, etwa die zwergige *R.* x *centifolia* 'De Meaux' und eine mit Knospen, die an einen Napoleonshut erinnern (*R.* x *c.* 'Cristata' bzw. 'Chapeau de Napoléon'), allen voran aber die Moosrosen.

Moosrosen

Sie tragen um die Blütenknospen und manchmal auch entlang der Triebe moosartige Auswüchse, die sich beim Zerreiben klebrig anfühlen und harzig riechen. Die Bemoosung trat ursprünglich an Sports von Damaszener-Rosen und Zentifolien auf, wobei sie bei Ersteren braun und bei Letzteren grün war. Erstmals entdeckt wurde sie Mitte des 17. Jahrhunderts in Frankreich, vermutlich an einer Rose, die heute *Rosa* x *centifolia* 'Muscosa' oder 'Old Pink Moss' heißt. Erst Mitte des 19. Jahrhunderts aber entwickelten Züchter, allen voran der Franzose Philippe-Victor Verdier, neue Sorten. Besonders beliebt waren sie im viktorianischen England.

Wie angesichts ihrer Ahnen, der Damaszener-Rosen und Zentifolien, zu erwarten, sind Moosrosen recht vielgestaltig. Fast alle blühen einmal, einige auch öfter, etwa wenn Chinarosen (S. 72) eingekreuzt wurden – das beste Beispiel ist 'Mousseline'. Leider sind Moosrosen nicht sehr widerstandsfähig gegen Krankheiten. Die meisten tragen rosa Blüten, manche auch weiße, violette oder gestreifte. Dunkelste Vertreterin ist die aufrechte, niedrige 'Nuits de Young' (S. 113). 'William Lobb' (S. 161) ist heller und äußerst wüchsig – sie kann als Kletterpflanze eingesetzt werden. Ihre purpurvioletten Blüten werden mit der Zeit lila und schließlich fast grau.

'William Lobb'

Öfterblühende Alte Rosen

Diese Rosen haben ihren Ursprung in China; manche blühen die ganze Saison. Es gibt sie auch in Apricot- und Gelbtönen und sie begeistern durch große Duftvielfalt.

Chinarosen

In China wurden Rosen schon lange vor den ersten Exporten in den Westen kultiviert und gezüchtet. 'Old Blush China' (auch als 'Parson's Pink' bekannt und heute *Rosa* x *odorata* 'Pallida' genannt) war in China und möglicherweise auch Japan schon seit mindestens tausend Jahren eine wegen ihrer langen Blüte geschätzte Zierpflanze, bevor sie Mitte des 18. Jahrhunderts als eine der beiden ersten Chinarosen nach Europa kam – mit 'Slater's Crimson' (heute *R. chinensis* 'Semperflorens'). Auf sie folgten 1809 *R.* x *odorata* 'Hume's Blush Tea-scented China' und 1824 'Parks' Yellow China'.

Aus diesen Pionieren wurden überwiegend in Frankreich weitere Chinarosen gezüchtet. Die Klasse zeichnet sich durch lichten, luftigen Wuchs und ungefüllte, halbgefüllte oder locker gefüllte Blüten meist in Weiß, Rosa und Rot aus. Mit *R.* x *odorata* 'Mutabilis' und 'Comtesse du Cayla' kamen zum ersten Mal bei Hybridrosen weiche Gelb- und Apricottöne auf.

An warmen Standorten blühen einige Chinarosen fast ganzjährig, etwa *R.* x *odorata* 'Bengal Crimson' im Londoner Chelsea Physic Garden.

R. x *odorata* 'Mutabilis'

'Louise Odier'

Bourbon-Rosen

Ein paar Jahre nachdem die ersten Chinarosen nach Europa gelangten, kultivierten Kolonialfarmer auf der Île de Bourbon (heute Réunion) im Indischen Ozean 'Old Blush China' und 'Quatre Saisons' einträchtig nebeneinander in Hecken. Eines Tages entdeckte ein gewisser Monsieur Perichon dort einen Sämling, die etwas anders aussah, und schickte Samen davon nach Frankreich. Aus ihnen entstand eine Rose, die für ihre kräftig rosa Blüten und ihre Gabe, mehrmals im Jahr zu blühen, gerühmt wurde. 1823 kam sie als 'Le Rosier de l'Île de Bourbon' auf den Markt.

Die Rose wurde herumgereicht und bald züchtete man neue Sorten aus ihr – so schlug die Geburtsstunde der Bourbon-Rosen. Fast alle Rosen dieser Klasse sind rosa, ein paar wenige auch rot oder weiß und mehrere gestreift. Die meisten beeindrucken durch intensiv duftende Blüten mit vielen Kronblättern ganz nach der Art Alter Rosen, doch kann man an den Blättern und Trieben, die denen von Teehybriden ähneln, bereits den Ursprung moderner Rosen erkennen. Fast alle remontieren außerdem. Leider sind sie recht anfällig für Sternrußtau, Echten Mehltau und Rost. Die Blüten der meisten Sorten werden von Regen stark in Mitleidenschaft gezogen. Die vielleicht besten Bourbon-Rosen sind 'Louise Odier' und 'Madame Isaac Péreire'.

'Portlandica'

'Ferdinand Pichard'

Portland-Rosen

Portland-Rosen sind eine relativ kleine, aber erlesene Klasse. Einen Platz im Garten verdienen sie wegen ihrer Schönheit, ihres Dufts, ihrer Bereitschaft, öfter zu blühen, und ihrer generell robusten Gesundheit. Die Ur-Portland-Rose, auch 'Portlandica', 'Paestana' und 'Portland Crimson Monthly Rose' genannt, ist schon seit mindestens 1783 bekannt. Sie remontiert, trägt dunkelrosa oder hell karminrote, halbgefüllte Blüten und war vermutlich eine Kreuzung aus *Rosa gallica* var. *officinalis* und 'Quatre Saisons'.

Portland-Rosen wachsen wesentlich aufrechter und stämmiger als Damaszener-Rosen und haben kürzere Blütentriebe. Sie eignen sich hervorragend für Mischpflanzungen, ob in einem formalen Garten oder als Hecke. Die meisten sind rosa, doch gibt es auch sehr dunkle Sorten wie 'Indigo' oder 'Marbrée' mit dunkelrosa, heller gefleckten Blüten. Besonders gartentauglich sind 'Jacques Cartier' (S. 144), 'Comte de Chambord' (S. 97) und 'Rose de Rescht' (S. 144).

Remontant-Rosen

Remontant-Rosen sind das Ergebnis mehrerer Kreuzungen zwischen Vertreterinnen einer ganzen Reihe von Rosenklassen, darunter Portland-Rosen, China-Hybriden und Bourbon-Rosen. Viele wurden im ausgehenden 19. Jahrhundert eingeführt, als Blumenschauen sehr populär waren und Ausstellungsrosen vor allem eine schöne Knospe haben mussten. Die meisten Züchter strebten perfekte Blüten an, ohne der Gesundheit der Pflanzen Beachtung zu schenken – sie hatten auch keinerlei Bedenken, hochgiftige Pestizide einzusetzen, um ihre Rosen vor Schädlingen und Krankheiten zu schützen. Deshalb sind viele Remontant-Sorten relativ derbe Sträucher oder Kletterpflanzen mit geringer Widerstandskraft gegen Krankheiten.

Als Blütenfarben sind sämtliche Weiß-, Rosa- und Rottöne möglich. 'Ferdinand Pichard' ist rosa und rot gestreift, 'Roger Lambelin' rot mit weißem Saum. Die intensiv duftende 'Souvenir du Docteur Jamain' trägt ein einnehmendes Dunkelrot zur Schau, blüht jedoch nicht allzu reich und hat einen lichten, langbeinigen, kletternden Wuchs. 'Paul Neyron' bietet einige der größten Blüten der Rosenwelt auf. 'Reine des Violettes', 'Duke of Edinburgh' und 'Ferdinand Pichard' sind die drei vielleicht besten Rosensorten der Klasse.

Teerosen

Teerosen sind das Ergebnis einer Kreuzung aus *R.* × *odorata* 'Hume's Blush Tea-scented China' und 'Parks' Yellow China' mit mehreren Bourbon- und Noisette-Rosen. Die Ur-Teerose heißt 'Adam' und wurde 1835 eingeführt. Ihre Blüten gefallen mit einem feinen Charme, aus dem schon die Anfänge der Teehybriden mit ihrer hohen, spitzen Mitte sprechen. Dicht gefüllte Sorten wie 'Maman Cochet' und 'Devoniensis' sehen mit ihren schön angeordneten Kronblättern noch sehr nach Alten Rosen aus. Sie wurden ursprünglich »Chinarosen mit Teeduft« genannt, da sie wie ein frisch geöffnetes Päckchen chinesischer Tee rochen. Möglich sind aber noch weitere Noten wie Veilchen, Freesien, Nelken, Zitrus, Banane und Kampfer.

Teerosen haben eine große farbliche Bandbreite. Sie waren die ersten Hybridrosen mit einem echten satten Gelb ('Perle des Jardins') und Apricot ('Lady Hillingdon' – zur Kletterversion siehe S. 174). Auch die Größe ist sehr variabel: Kleine Büsche gibt es ebenso wie hohe Kletterpflanzen, wobei die endgültige Höhe allerdings stark von Klima und Boden abhängt. Teerosen mögen Hitze und blühen an warmen Standorten fast das ganze Jahr. In kühleren Klimazonen wie etwa in Mitteleuropa schlagen sie sich weitaus schlechter und haben Mühe, ordentlich zu wachsen und zu blühen.

'Climbing Lady Hillingdon'

Polyantha-Rosen

Polyantha-Rosen sind keine allzu bekannte Klasse, doch finden sich darunter einige hübsche, gartentaugliche Sorten. Sie bilden einen niedrigen, kompakten Strauch mit kleinen, gefüllten, weißen oder rosa Blüten. Ihr gemeinsamer Vorfahr ist *Rosa multiflora* (früher *R. polyantha*), eine wüchsige Rambler-Rose mit kleinen weißen, duftenden Blüten, die sich bereitwillig mit anderen Rosen kreuzt und ebenso eifrig selbst aussät. Die erste anerkannte Polyantha-Rose, 'Pâquerette', 1875 von Jean-Baptiste Guillot Sohn eingeführt, hat vermutlich 'Old Blush China' in der Ahnentafel.

Eine farbintensive Sorte ist 'Orléans Rose' mit offenen, kirschroten, in der Mitte weißen Blüten. Sie brachte viele Sports hervor, darunter die karminrote 'Miss Edith Cavell' (S. 126), und spielte in der Zucht fast aller Polyantha- und Floribunda-Rosen eine wichtige Rolle. Weitere farbintensive Sorten sind die orangerote 'Paul Crampel' und die violette 'Baby Faurax'.

Die meisten Polyantha-Rosen duften nicht, doch gibt es Ausnahmen, etwa 'Marie Pavié' (S. 123). Die bekannteste Sorte ist 'Cécile Brunner' (S. 200), deren rosa Knospen an die einer perfekten Miniatur-Teehybride erinnern. Alle sind öfterblühend und passen gut in gemischte Rabatten.

'Cécile Brunner'

Moderne Rosen

Dank wissenschaftlicher Zuchtprogramme erweiterte sich ab der Mitte des 19. Jahrhunderts die Farben- und Formenvielfalt der Rosen. Remontanz wurde Normalität.

Teehybriden

Sie entstanden um 1860 aus Kreuzungen zwischen einer Teerose, die die Blütenform beisteuerte, und einer Remontant-Rose, die für die Wüchsigkeit zuständig war. Die frühesten Sorten hatten sowohl attraktive Knospen als auch ansehnliche Blüten und waren zudem recht buschig. Doch Züchter konzentrierten sich allein darauf, klassisch schöne Knospen mit hoher, spitzer Mitte zu erlangen. Daher fehlte es den geöffneten Blüten der neuen Sorten oft an Definition und gutem Aussehen. Teehybriden waren typische Pflanzen ihrer Zeit: farbkräftig, für Massenpflanzungen geeignet und – da Pestizide hemmungslos eingesetzt wurden – alles andere als widerstandsfähig. Als sich der Geschmack veränderte und Gartenbesitzer gesunde Rosen verlangten, fielen sie in Ungnade. Die berühmteste Teehybride ist die 1945 eingeführte 'Peace'. Sie war teilweise für den enormen Popularitätsschub der Rosen in den 1940er- und 1950er-Jahren verantwortlich und Vorfahrin vieler späterer Sorten. Ein weiteres klassisches Beispiel ist 'Warm Wishes'.

'Warm Wishes'

'Iceberg'

Floribunda-Rosen

Die Züchter, die die Floribunda-Rosen entwickelten, strebten einen robusten, winterharten Busch mit vielen farbenfrohen Blüten an – Blütenform und -duft waren zweitrangig. Die ersten Sorten entwickelte der Däne D. T. Poulsen, indem er Polyantha-Rosen und Teehybriden kreuzte. Seine 'Red Riding Hood' ('Rödhätte') führte er bereits 1912 ein, doch erst nach dem Ersten Weltkrieg beteiligten sich weitere Züchter in aller Welt am Aufbau der Floribunda-Rosen (die man anfangs Polyantha-Hybriden nannte), woraufhin sie immer beliebter wurden. Als sich der Geschmack wandelte, wurden die Blüten teehybridenartiger. Die berühmteste Floribunda heißt 'Iceberg' (eigentlich eine Moschushybride). 'Trumpeter' ist ein Klassiker der 1970er-Jahre mit gefüllten Blüten und fast fluoreszierendem Orangerot.

Niedrige Schönheiten Hier machen Patio-Rosen in lebhaftem Rosa die Ränder eines Kalksteinwegs weicher.

»In einem gemischten Beet kann eine kleine Rose untergehen. Im Pflanzgefäß dagegen wird sie zum Blickfang.«

Patio-Rosen

Patio-Rosen, auch Zwergrosen genannt, sind zwischen Floribunda- und Miniaturrosen angesiedelt. Sie werden etwa 60 cm hoch und tragen rund 5 cm breite Blüten. Die Pflanzen- und Blütengröße liegt im mittleren Bereich. Patio-Rosen blühen reichlich und eignen sich gut für den Saum von Rabatten oder für Pflanzgefäße. Sie sind von sehr unterschiedlicher Herkunft, weshalb sie sich auch in ihren Farben und der Zahl ihrer Kronblätter stark unterscheiden. Zu den bekanntesten Sorten gehört 'Queen Mother' mit zartrosa, halbgefüllten Blüten. 'Sweet Dream' trägt sehr volle, orangerosa und 'Marlena' halbgefüllte, scharlachrote Blüten.

Miniaturrosen

Sie sind die kleinsten Rosen und werden meist keine 60 cm hoch. Ihre Blüten haben 2–3 cm Durchmesser. Man kann sie im Freiland kultivieren, doch eignen sie sich vorzüglich für Pflanzgefäße, in denen man ihre hübschen Blüten, die zum Teil perfekte Rosetten im Stil Alter Rosen bilden, besser genießen kann. Die Ur-Miniaturrosen kamen vermutlich um 1800 aus China zu uns. Man züchtete zunächst zwar einige Sorten, so richtig beliebt wurden sie aber erst 1918, als eine öfterblühende Form in der Schweiz entdeckt und 'Rouletii' genannt wurde. Bald entstanden allerlei neue Sorten aus ihr, darunter 'Para Ti' ('Pour Toi') von Pedro Dot in Spanien. Der kalifornische Züchter Ralph Moore schuf in der zweiten Hälfte des 20. Jahrhunderts viele Miniaturrosen, z. B. 'Stars 'n' Stripes' und 'Little Flirt'. In Europa nutzt man sie vorwiegend als Topfpflanzen und farbenfrohes, wenn auch kurzlebiges Geschenk. Bei Poulsen Rosen in Dänemark entwickelte man Sorten, die sich gut durch Stecklinge vermehren lassen, zwölf Monate im Jahr blühen und selbst lange Lkw-Transporte gut überstehen.

'Pour Toi'

Moschus-Rosen

Die meisten Moschus-Rosen (Moschata-Hybriden) tragen kleine bis mittelgroße Blüten in großen Büscheln. Sie sind weiß, rosa, gelb oder orangerosa und duften fruchtig sowie moschusartig. Die bekanntesten Sorten – 'Penelope', 'Cornelia', 'Felicia' und 'Buff Beauty' – werden mindestens 2 m hoch und breit und können in warmen Zonen als Kletterer eingesetzt werden. Anfang des 20. Jahrhunderts beschloss Reverend Joseph Pemberton, Züchter anspruchsvoller Remontant-Rosen, robustere, pflegeleichtere Sorten zu entwickeln – die ersten waren 'Trier', ein großer Strauch mit duftenden, kleinen, fast ungefüllten weißen Blüten, sowie verschiedene Polyantha-Rosen, Teehybriden und Noisette-Rosen. Auch die drei oben genannten Sorten sind ihm zuzuschreiben. In neuerer Zeit entwickelte der Belgier Louis Lens aus *R. multiflora*- und *R. helenae*-Hybriden niedrige, remontierende, winterharte Strauch- und Rambler-Rosen wie 'Guirlande d'Amour' (S. 197) und 'Sibelius' (S. 121). Seinen Nachfolgern Rudy und Ann Velle gelangen duftende, gesunde Sorten wie 'Caroline's Heart' und 'Fil des Saisons'.

Unverzichtbar Die zart lachsrosa Knospen und weißen Blüten von 'Penelope' (rechts) buhlen mit der helleren 'Just Joey' unter zwei fächerförmigen Linden um Aufmerksamkeit.

'Rosy Cushion'

Moderne Strauchrosen

Unter dieser Bezeichnung fasst man eine große Bandbreite von Sorten zusammen, die im 20. und 21. Jahrhundert entstanden. Ursprünglich waren sie Kreuzungen verschiedener Wildrosen mit Teehybriden und Floribunda-Rosen. Viele Gemeinsamkeiten zwischen ihnen gibt es nicht: Die Bandbreite der Blütengröße reicht von klein bis sehr groß, die Zahl der Blütenblätter von fünf bis über hundert und der Duft ist nicht existent bis intensiv. Manche sind niedrig, andere hoch, einige öfterblühend. Meist bekommt man mit ihnen zähe Rosen, die auch unter suboptimalen Bedingungen gedeihen. Die modernen Strauchrosen wurden in letzter Zeit enorm verbessert, viele haben sich inzwischen in Gärten bewährt. 'Frühlingsgold', 'Nevada' und 'Rosy Cushion' sind gute ältere Sorten. Der deutsche Züchter Kordes hat ausgezeichnete neue Sorten entwickelt, etwa 'Lemon Fizz', 'Summer Memories' und 'Île de Fleurs'. Erwähnenswert ist ferner die Knock-Out-Serie von Bill Radler (USA). Die Sorte 'Knock Out' aus dem Jahr 2000 verkaufte sich in den Staaten millionenfach. Nachfolger sind 'Pink Knock Out', 'Double Knock Out' und 'Sunny Knock Out'.

'Gertrude Jekyll'

Englische Rosen

Die Englischen Rosen wurden vom britischen Züchter David Austin entwickelt. Er hatte den Ehrgeiz, Sorten mit dem Reiz und Duft Alter Rosen und der Remontanz sowie großen farblichen Bandbreite Moderner Rosen zu schaffen. Dazu kreuzte er zunächst Alte Rosen mit verschiedenen Teehybriden und Floribunda-Rosen. Daraus entstand 1961 eine kleine Gruppe einmalblühender Rosen, zu denen auch seine erste bekannte Sorte 'Constance Spry' (S. 146) zählte. Mit der Zeit wurden Austins Rosen bekannter, vor allem als er 1983 drei Sorten auf der Chelsea Flower Show vorstellte: 'Mary Rose', 'Heritage' und 'Graham Thomas' (S. 193). Letztere sorgte fast im Alleingang dafür, dass Englische Rosen sich nicht nur in Großbritannien, sondern in ganz Europa, Nordamerika, Australien und Asien verbreiteten.

'Gertrude Jekyll' mit einem sehr intensiven Duft nach Alten Rosen kam 1986 heraus. Zu neueren Züchtungen zählen 'Roald Dahl' (S. 90), 'Gabriel Oak' (S. 100), 'Eustacia Vye' (S. 109) und 'Desdemona' (S. 109, S. 123). Sie sind dank ihrer Schönheit, ihres Dufts und immer mehr auch ihrer Gesundheit weltweit ausgesprochen beliebt. Unter den Englischen Rosen finden sich sogar einige Kletterrosen und remontierende Rambler-Rosen.

Bodendeckerrosen

Diese niedrigen Rosen werden bestenfalls 50 cm hoch und sehr unterschiedlich breit. Sie bilden eine dichte Matte, die auch Unkraut unterdrücken soll. Manches lässt sich allerdings nicht so leicht klein halten, weshalb es durch die Rosen hindurchwächst, sodass man vor die unangenehme Aufgabe gestellt wird, es zwischen den Stacheln herauszuzupfen.

Vielleicht sollte man Bodendeckerrosen eher als reich blühende, niedrige, polsterbildende Rosen sehen, die sich für den Rand von Rabatten oder Wegen eignen – oder für Töpfe, deren Rand sie malerisch überwachsen. Sie tragen kleine Blüten, diese allerdings über viele Monate hinweg. Manche haben auch einen ausgezeichneten Besatz an Hagebutten, etwa 'Grouse', 'Partridge' und 'Alexander von Humboldt'. Die meisten duften nicht. Nennenswerte Ausnahmen sind 'Centre Stage', 'Scented Carpet', 'Grouse' und 'Partridge'. Als 1989 die ersten Sorten der Flower-Carpet-Serie erschienen, erregten sie mit ihren leuchtend rosa Blüten und der ausgezeichneten Gesundheit ebenso viel Aufmerksamkeit wie mit den leuchtend rosa Töpfen, in denen sie verkauft wurden. Züchter Noack hat seither weitere Sorten in anderen Farben vorgestellt, allen voran 'White Flower Carpet'.

'White Flower Carpet'

Kletternde Rosen

Eine sehr variable Rosengruppe mit umfangreicher Ahnenreihe. Alle neigen zum Klettern, unterscheiden sich aber in Höhe, Wuchscharakter und Blühdauer.

Noisette-Rosen

In dieser Klasse finden sich die schönsten Kletterrosen für wärmere Regionen. Die erste Noisette war 'Champney's Pink Cluster', eine Kreuzung aus der wüchsigen, kletternden *Rosa moschata* und 'Old Blush China'. Der Zufallssämling wurde zu Beginn des 19. Jahrhunderts in John Champneys Garten in South Carolina entdeckt. Ein Gärtner aus der Gegend, Philippe Noisette, nahm Samen von ihr und züchtete daraus eine niedrigere, remontierende Rose, die er 'Blush Noisette' nannte. Die Blüten der meisten daraus abgeleiteten Sorten sind locker oder dicht gefüllt, mittelgroß bis groß und in vielerlei Farben erhältlich. Oft duften sie angenehm. Einige Noisette-Rosen wie 'Rêve d'Or' und 'Crépuscule' sind gelb oder apricotfarben, was durch Kreuzung von 'Blush Noisette' mit 'Parks' Yellow China' erreicht wurde.

'Madame Alfred Carrière' (S. 176) ist die wohl bekannteste und winterhärteste Noisette: Sie trägt intensiv duftende, große, becherförmige, rosa überlaufene weiße Blüten, ist sehr wüchsig und braucht viel Platz.

'Blush Noisette'

'Climbing Madame Caroline Testout'

Kletterrosen

Eine Kletterrose ist als solche einfach zu bestimmen: Sie wird etwa 2–10 m hoch. Die Neigung einer Sorte zum Klettern hängt aber stark vom Klima und dem Schnitt ab. Eine Rose, die in einem kühleren Klima als Strauch wächst, kann an einem wärmeren Ort schnell zur Kletterrose werden. Eine nur leicht geschnittene Strauchrose, die an einer Mauer wächst, kann wiederum sogar in einem kühleren Klima leicht zum Klettern gebracht werden.

Die meisten Kletterrosen haben große Blüten und steife Triebe, sind nicht zu wüchsig und blühen mehrmals, doch gibt es Ausnahmen. Kletterrosen finden sich – oft als Sports – in vielen Klassen, etwa bei Noisette-Rosen, Teehybriden, Floribunda-Rosen, Rambler-Rosen, Englischen Rosen, Bourbon-Rosen, Teerosen, Chinarosen und Remontant-Rosen. Entsprechend stark variieren Blütengröße, Blütenblattzahl, Duft und Stacheldichte, aber auch Winterhärte und Wüchsigkeit. Gleichzeitig sind sie eine enorm nützliche Klasse, mit der man unterschiedlichste bauliche Elemente begrünen kann (empfehlenswerte Sorten S. 170–203).

'Rambling Rector'

Rambler-Rosen

Rambler-Rosen zeichnen sich durch kleine Blüten und biegsame Triebe aus. Außerdem remontieren sie. Da sie extrem wüchsig sind, lässt man sie in erster Linie an Bäumen oder Pergolen hochklettern, von denen ihre blütenbesetzten Zweige girlandenartig herunterhängen. Weniger wüchsige Sorten sind auch als Wandsträucher einsetzbar.

Die ersten Rambler-Rosen waren einfache Hybriden von kletternden Arten wie *Rosa wichurana*, *R. sempervirens*, *R. moschata*, *R. arvensis* und *R. multiflora*, außerdem von verschiedenen Teerosen, Remontant-Rosen und Teehybriden. So entstand ein breites Spektrum an Farben, Blütengrößen und Düften. *R. sempervirens* ist mehr oder weniger immergrün und hat diese Eigenschaft an einige Nachkommen weitergegeben, etwa 'Félicité Perpétue' und die ausgesprochen schöne 'Adélaïde d'Orléans' (S. 200).

Inzwischen ist es gelungen, in einige Sorten Remontanz hineinzuzüchten, etwa in 'The Lady of the Lake' und 'Gardens of Hex'. Weil das meist auf Kosten der Wüchsigkeit geht, sind sie im Garten leichter unterzubringen.

Einige Rambler, vor allem große, artnahe wie 'Francis E. Lester' (S. 199), 'Rambling Rector' (S. 150 und S. 200), und *R. filipes* 'Kiftsgate' (S. 199), bilden fabelhafte orangefarbene oder rote, zum Teil lang haltende Hagebutten.

RO
Selektor
SEN

Die ideale Rose finden

Rosen können sehr alt werden und spielen oft eine Hauptrolle im Garten. Es lohnt sich daher, Sorten zu wählen, die sich für den anvisierten Platz und die Bedingungen dort am besten eignen.

Halten Sie Ausschau nach Rosen, die Charakter haben und die gewünschte Atmosphäre verbreiten. Manche bevorzugen ein wildes Dickicht ungefüllter Blüten, gefolgt von leuchtenden Hagebutten. Andere begeistern sich für duftende, romantische Alte Rosen. Und wieder andere schätzen die für formale Pflanzungen idealen Teehybriden. Wichtig ist auch die Farbwahl: Sollen es Pastelltöne sein oder lebhafte Kontraste?

Muss es unbedingt eine öfterblühende Sorte sein? Sie tragen zwar vom Frühsommer bis zum Spätherbst Flor, dafür haben einmalblühende Sorten oft mehr Charakter und sind im Herbst und Winter mit unzähligen Hagebutten besetzt – falls Vögel die Früchte nicht gleich vernaschen.

Wo soll die Rose stehen? Wenn der Boden nicht gut genug ist, die Pflanze nur ein paar Stunden pro Tag Sonne bekommt oder vor einer heißen Mauer steht, muss es eine robuste, widerstandsfähige Sorte sein. Ebenfalls wichtig ist die Größe: Die Rose sollte den ihr zugestandenen Raum füllen, darf aber nicht so riesig werden, dass man sie ständig stutzen muss.

Am besten lässt sich eine Sorte beurteilen, wenn sie bereits in einem anderen Garten wächst. Dort erkennen Sie vielleicht, dass die Farbe doch nicht so ganz Ihren Vorstellungen entspricht – oder umgekehrt der Duft so verführerisch ist, dass Sie die gesamte Pflanzung gern an der Sorte ausrichten, nur um ihn genießen zu können. Einzelblüten können auf Fotos atemberaubend aussehen, aber an einem unansehnlichen Busch sitzen.

Rosenkauf

Viele der in diesem Kapitel beschriebenen Rosen bekommt man problemlos im Gartencenter, andere gibt es nur bei Spezialanbietern. Porträtiert sind die Allerbesten ihrer Kategorie, deshalb findet man manche mehrmals: 'Gertrude Jekyll' etwa begeistert mit einem umwerfenden Duft nach Alten Rosen (S. 146), bewährt sich aber auch als niedrige Kletterpflanze für sonnige Mauern (S. 172). Um Ihnen ein Auffinden der Rosen zu erleichtern, ist unter »Sortencode« oftmals zusätzlich der Sortenname angegeben, unter dem die Rose erstmals registriert wurde oder das Züchterkürzel.

Der Garten eines Rosenliebhabers
In diesem Londoner Privatgarten hat eine Kombination verschiedener Sorten, darunter 'Mortimer Sackler' und 'Gertrude Jekyll', eine Pergola erobert.

Rosen für den Vordergrund von Rabatten

Der vordere Bereich von Rabatten ist der ideale Lebensraum für kleine Rosen, vor allem solche mit gutem Duft. Aber auch höhere Sorten sind hier nicht fehl am Platz, denn sie sorgen für Abwechslung.

'A Whiter Shade of Pale'

A Whiter Shade of Pale

HÖHE *1 m* BREITE *1 m*
BLÜTE *Öfterblühend* KLASSE *Teehybride*
DUFT *Mittel, süß* SORTENCODE *'Peafanfare'*

Wer eine Sorte mit der für Teehybriden typischen klassisch hohen Blütenmitte, einer guten Gesundheit und einem aufgeräumten, aufrechten Wuchs sucht, ist bei ihr an der richtigen Adresse. Sie präsentiert sich, wie der Name schon andeutet, zartrosa und lässt sich deshalb leicht in Pflanzungen mit einem bestimmten Farbthema integrieren, was bei Teehybriden nicht immer ganz einfach ist. Außerdem eignet sie sich als Topfpflanze und Schnittblume.

Roald Dahl

HÖHE *1m* BREITE *1 m*
BLÜTE *Öfterblühend* KLASSE *Englische Rose*
DUFT *Mittel, Tee* SORTENCODE *'Ausowlish'*

Der hübsche, rundliche Strauch ist wie gemacht für gemischte Rabatten, geometrische Pflanzungen und Hecken. Er blüht reichlich und lange. Die Knospen sind anfangs satt orangerot, die Blüten dann rundlich und zart apricotfarben. Dank seiner geringen Zahl von Stacheln und einer ausgezeichneten Gesundheit ist er eine wahre Freude.

'Roald Dahl'

'Empereur Charles IV'

'Scarborough Fair'

Scarborough Fair

HÖHE *1 m* BREITE *1 m* BLÜTE *Öfterblühend*
KLASSE *Englische Rose* DUFT *Mittel, Moschus, Alte Rose* SORTENCODE *'Ausoran'*

Die unaufdringliche, aber hübsche Rose bildet ihre Blüten an einem rundlichen Strauch schon vom Boden an. Ihre zartrosa Blüten setzen sich aus rund 15 Kronblättern zusammen und sind sehr offen, sodass man in der Mitte das Bündel leuchtend gelber Staubblätter gut sehen kann. Sie bietet sich für den vorderen Bereich einer gemischten Rabatte an, wo ihre weiche Farbe mit anderen Blüten harmoniert – selbst gelben. Der Duft ist von mittlerer Intensität: Während die Kronblätter an Alte Rosen erinnern, steuern die Staubblätter eine Moschusnote bei.

Empereur Charles IV

HÖHE *75–100 cm* BREITE *75 cm* BLÜTE *Öfterblühend*
KLASSE *Moderne Strauchrose* DUFT *Intensiv, Myrrhe und Maiglöckchen* SORTENCODE *'Vel15mscwi'*

Eine auffallende, duftende Rose mit kräftiger Färbung. Sie bildet ihre rundlichen, mittelgroßen Blüten in Fuchsienrosa kontinuierlich an einem gesunden, ausgewogen strukturierten, aufrechten Busch. Mit ihrem intensiven Wohlgeruch empfiehlt sie sich für Wegränder, vor höheren Rosen oder als Protagonistin gemischter Pflanzungen. Auch als Schnittblume macht sie eine ausgezeichnete Figur.

Molineux

HÖHE *100 cm* BREITE *75 cm* BLÜTE *Öfterblühend*
KLASSE *Englische Rose* DUFT *Leicht bis mittel, Tee*
SORTENCODE *'Ausmol'*

Eine elegante, aufrechte Rose, die sich besonders für formalere Pflanzungen eignet. Ihre Blüten bilden eine dichte Rosette aus zahlreichen Kronblättern. Sie erscheinen in großer Zahl und verwöhnen mit einem von Moschus unterlegten Teeduft. 'Molineux' eignet sich für Massenpflanzungen, lässt sich aber ebenso gut solo mit anderen Gewächsen kombinieren, die ihren aufrechten Wuchs etwas weicher machen, beispielsweise mit *Nepeta* (Katzenminze). Die beiden ergänzen sich auch farblich bestens.

'Molineux'

Milhem Pemberton

HÖHE *60–75 cm* BREITE *45 cm* BLÜTE *Öfterblühend*
KLASSE *Moderne Strauchrose* DUFT *Mittel, Gewürze und Kräuter* SORTENCODE *'Vel14fecal'*

Eine Rose, die in allen Disziplinen punktet! Ihre sattroten, zu Karminrot verblassenden Blüten hält sie kontinuierlich vom Frühsommer bis weit in den Herbst hinein bereit. Zwickt man welke Blüten nicht ab, darf man sich außerdem über einen beachtlichen Behang mit großen Hagebutten freuen. Die meisten Sorten dieser Größe duften nicht und sind anfällig für Krankheiten, aber 'Milhelm Pemberton' brilliert auch in dieser Hinsicht.

'Milhem Pemberton'

Sweet Haze

HÖHE *60 cm* BREITE *75 cm*
BLÜTE *Öfterblühend* KLASSE *Floribunda-Rose*
DUFT *Schwach* SORTENCODE *'Tan97274'*

Man kann sie entweder als niedrigen, rundlichen Strauch oder als Bodendeckerrose verwenden – in beiden Fällen wird sie sich bestens bewähren. Gut aufgehoben ist sie auch als Saumbepflanzung für einen Weg, in den man sie sogar zum Teil hineinragen lassen kann, oder als Bestandteil einer gemischten Rabatte. Die ungefüllten Blüten sind zart lilarosa, tragen lange rote Staubblätter und stehen in großen Büscheln. Wenn die Blüte welkt, fallen die Kronblätter sauber ab. Eine preisgekrönte, gesunde Sorte.

Prins Alexander

HÖHE *75 cm* BREITE *60 cm*
BLÜTE *Öfterblühend* KLASSE *Teehybride*
DUFT *Kräftig, Myrrhe und reife Birnen*
SORTENCODE *'Vel17talma'*

Eine ausgewogen und ordentlich wachsende Sorte mit zartrosa, mitunter apricotfarben überlaufenen Blüten. Sie offenbaren zunächst die hohe, spitze Mitte, wie sie für Teehybridenblüten typisch ist, öffnen sich später aber zu einer klaren Schalenform. In ihrem intensiven Duft kommt eine ansprechende Mischung aus Myrrhe und reifer Birne zum Tragen. Die winterharte, kaum bestachelte Rose eignet sich hervorragend für Wegränder, Pflanzgefäße und beengte Winkel.

Pearl Drift

HÖHE *1 m* BREITE *1,2 m*
BLÜTE *Öfterblühend* KLASSE *Moderne Strauchrose*
DUFT *Mittel, süß* SORTENCODE *'Leggab'*

Eine außerordentlich reich blühende, gesunde Rose. Aus ihren zartrosa Knospen öffnen sich hübsche halbgefüllte, reinweiße, süß nach Moschus duftende Blüten, die den dichten Busch lange zieren. 'Pearl Drift' ist das Ergebnis einer Kreuzung zweier wüchsiger Kletterrosen. Die Sorte bleibt in gemäßigten Klimazonen vergleichsweise niedrig, kann in warmen Gegenden aber wesentlich höher werden.

Lovely Parfuma

HÖHE *7 cm* BREITE *60 cm*
BLÜTE *Öfterblühend* KLASSE *Floribunda-Rose*
DUFT *Sehr stark, fruchtig* SORTENCODE *'Kortekcho'*

Eine preisgekrönte, äußerst gesunde, intensiv duftende Rose, die auch als 'Rosengräfin Marie Henriette' angeboten wird. Ihre mittelrosa, dicht gefüllten Blüten ähneln denen Alter Rosen. Die frisch geöffneten Blüten verströmen zunächst einen würzigen, anisähnlichen Duft, der mit der Zeit zunehmend fruchtiger wird. 'Lovely Parfuma' bildet einen ausgewogenen, aufrechten Strauch und empfiehlt sich sowohl für formal-geometrische als auch naturnahe Pflanzungen.

'Sweet Haze'

'Pearl Drift'

'Prins Alexander'

'Lovely Parfuma'

Rosen für die Rabattenmitte

Für die Mitte von Rabatten eignen sich zahlreiche Sorten. Sie lassen sich oft gut mit ähnlich hohen Stauden kombinieren. Hier werden vor allem Rosen mit 1,2–1,5 m Höhe empfohlen, aber natürlich kann man die Dimensionen der Sträucher durch entsprechenden Schnitt regulieren.

'Princess Alexandra of Kent'

Princess Alexandra of Kent

HÖHE *1,2 m* BREITE *1,2 m* BLÜTE *Öfterblühend* KLASSE *Englische Rose* DUFT *Kräftig, Tee* SORTENCODE *'Ausmerchant'*

Eine sehr schöne Sorte mit großen, duftenden, stark gefüllten Blüten. Die rosafarbenen Knospen präsentieren sich mit einem Hauch Orange, die voll geöffneten Blüten in einem warmen, leuchtenden Rosa, das nach außen hin etwas heller wird. Die Blüten besitzen rund 130 Kronblätter und verströmen einen intensiven Teeduft, der mit der Zeit ins Zitronige schlägt. Der bezaubernde, rundliche Strauch wächst buschig und leicht überhängend. Er eignet sich für Wegränder ebenso wie für Töpfe (S. 118), da man dort den Duft am besten genießen kann. Zudem lässt sich die Sorte bestens mit anderen Pflanzen, speziell mit blauen Blüten, kombinieren.

'Lady of Shalott'

Lady of Shalott

HÖHE *1,5 m* BREITE *1,2 m* BLÜTE *Öfterblühend* KLASSE *Englische Rose* DUFT *Mittel bis stark, Tee* SORTENCODE *'Ausnyson'*

Eine hochklassige Sorte, die sich als Strauch und Kletterpflanze nutzen lässt. Die Blüten wirken auf den ersten Blick kräftig apricotfarben, doch stellt sich bei näherem Hinsehen heraus, dass die Kronblätter innen lachsrosa sind, während die Außenseite eher goldgelb leuchtet. Die Blüten sind locker gefüllt, sodass Bienen noch zu den Staubblättern gelangen. 'Lady of Shalott' blüht äußerst reich und bis weit in den Saisonausklang hinein. Sie ist robust und verlässlich, wächst leicht übergebogen und verlangt nach einer relativ großen Rabatte, in der sie entweder in Gesellschaft anderer Rosen ist oder sich zwischen Stauden und Sträucher mischen kann.

'Comte de Chambord'

Comte de Chambord

HÖHE *1,2 m* BREITE *1 m* BLÜTE *Öfterblühend* KLASSE *Portland-Rose* DUFT *Kräftig, Alte Rose*

'Comte de Chambord' ist eine hübsche Alte Rose, die remontiert und relativ aufrecht wächst. Die kräftig rosa Blüten werden nach außen hin heller. Ihr Duft gehört zu den besten im ganzen Rosenreich, weshalb sie zugänglich gepflanzt werden sollte. Sie ist nicht die gesündeste Sorte, aber ihre anderen Vorzüge machen dieses Manko locker wett.

Thomas à Becket

HÖHE *1,5 m* BREITE *1,2 m*
BLÜTE *Öfterblühend* KLASSE *Englische Rose*
DUFT *Mittel, Alte Rose* SORTENCODE *'Auswinston'*

Sie ist gar nicht so weit weg von einer Wildrose und unterscheidet sich damit beträchtlich von anderen Englischen Rosen sowie Gartenrosen generell. Man schätzt ihre mittelgroßen roten Blüten. Sie sind zunächst becherförmig, doch biegen sich die Kronblätter mit der Zeit zurück. Der Strauch wächst relativ offen und blüht am Ende langer Triebe, weshalb er sich für den mittleren und hinteren Bereich einer Rabatte eignet, wo er sich über kleinere Rosen und andere Pflanzen davor beugen kann. Die Blüten duften nach Alter Rose mit unverkennbaren Anklängen an Zitronenschale.

Paula Vapelle

HÖHE *1,5 m* BREITE *1,2 m*
BLÜTE *Öfterblühend* KLASSE *Bibernell-Hybride*
DUFT *Mittel, fruchtig, Alte Rose*

Sie trägt die Gene der Bibernell-Rose in sich und sieht daher interessant und ungemein attraktiv aus, gerade weil sie etwas von der Norm abweicht. Die reinweißen, mittelgroßen, gefüllten Blüten mit Knopfauge heben sich vom graugrünen Laub ab. Hinzu kommt ein für diese Klasse typischer Duft. Sie ist sehr winterhart.

'Paula Vapelle'

'Thomas à Becket'

Caroline's Heart

HÖHE *1,5 m* BREITE *1 m*
BLÜTE *Öfterblühend* KLASSE *Moderne Strauchrose*
DUFT *Kräftig, Alte Rose* SORTENCODE *'Vel16dsipo'*

Eine außergewöhnlich reich blühende, vielseitige Rose mit intensivem, himmlischem Duft. Ihre Blüten sind groß, reinrosa und dicht gefüllt, werden mit der Zeit aber hellrosa und geben die Staubblätter frei. Die Sorte blüht bis in den Herbst hinein, sodass man Blüten und ein paar wenige Hagebutten sogar gleichzeitig am Strauch stehen sieht. Sie duftet überwiegend nach Alter Rose, deutet im Hintergrund aber auch Myrrhe an. Gut kombinieren lässt sich 'Caroline's Heart' in gemischten Rabatten mit Stauden, Zweijährigen und Einjährigen, doch eignet sie sich auch für Töpfe und Hecken. Sie ist ausgesprochen winterhart.

'Caroline's Heart'

Champagne Moment

HÖHE *1,2 m* BREITE *75 cm*
BLÜTE *Öfterblühend* KLASSE *Floribunda-Rose*
DUFT *Schwach bis mittel* SORTENCODE *'Korvanaber'*

Mit ihren weichen Farben und dem ausgewogenen, buschigen Wuchs eignet sich 'Champagne Moment' für gemischte Rabatten und formalere Pflanzungen gleichermaßen. Ihre in Büscheln stehenden Blüten sind in der Mitte zart apricotfarben, werden nach außen hin aber cremeweiß. Die dunklen, glänzenden Blätter sind sehr widerstandsfähig gegen Krankheiten. Ein weiterer Sortenname ist 'Lions-Rose'.

Gabriel Oak

HÖHE *1,2 m* BREITE *1 m*
BLÜTE *Öfterblühend* KLASSE *Englische Rose*
DUFT *Kräftig, fruchtig* SORTENCODE *'Auscrowd'*

Eine wertvolle Sorte mit intensiv duftenden Blüten, die aussehen wie bei einer klassischen Alten Rose und in der Mitte einer Rabatte die Blicke auf sich ziehen. Sie bilden eine Rosette, sind satt dunkelrosa und öffnen sich an einem wüchsigen, relativ aufrechten Strauch, der gut neben niedrigeren Pflanzen mit Blüten in blasserem Rosa zur Geltung kommt, egal, ob es sich dabei um Rosen oder andere Gewächse handelt. Auch als Schnittblume bewährt sich diese Rose und wirft dabei vor allem ihren kräftig fruchtigen Wohlgeruch in die Waagschale. Eine robuste, verlässliche Gartenschönheit.

La Ville de Bruxelles

HÖHE *1,5 m* BREITE *1,2 m*
BLÜTE *Einmalblühend* KLASSE *Damaszener-Rose*
DUFT *Kräftig, fruchtig, Alte Rose*

Eine nützliche Sorte, obwohl sie nicht remontiert. Die großen Blüten haben den klassischen Alte-Rosen-Look. Ihre vielen rosa Kronblätter sind in Viertelung angeordnet und tragen in der Mitte ein dunkles Auge. Effektvoll unterstrichen werden die Blüten von großen, gesunden, hellgrünen Blättern. 'La Ville de Bruxelles' braucht eine gewisse Zeit, bis sie sich von ihrer besten Seite zeigt, aber das Warten lohnt sich.

Vanessa Bell

HÖHE *1,2 m* BREITE *1 m*
BLÜTE *Öfterblühend* KLASSE *Englische Rose*
DUFT *Mittel bis kräftig, Tee* SORTENCODE *'Auseasel'*

Die einnehmend zartgelbe Sorte ist vielseitig, robust und verlässlich. Frische Knospen zeigen sich zunächst in Rosa, doch verschwindet dieser Farbton, sobald sich die becherförmigen, gefüllten Blüten mit kräftig gelber Mitte und cremegelbem Rand öffnen. Es lohnt sich, diese Rose neben einen Weg zu setzen, wo sie immer gut erreichbar ist, denn zum einen duftet sie nach grünem Tee mit Zitronen- und Honignoten und zum anderen liefert sie bereitwillig Schnittblumen für die Vase. 'Vanessa Bell' wächst buschig, aber dennoch relativ aufrecht, und bietet sich damit für Massenpflanzungen an. Ebenso aber bewährt sie sich in kleinen Rosengruppen oder sogar solo in einer gemischten Rabatte, wo ihr weiches Gelb besonders gut mit Blau-, Violett- und Lilatönen harmoniert.

'Champagne Moment'

'La Ville de Bruxelles'

'Gabriel Oak'

'Vanessa Bell'

Rosen für den Hintergrund von Rabatten

Große Rosen mit mindestens 1,5 m Höhe – und oft auch derselben Breite – eignen sich hervorragend für tiefe Rabatten vor einer Wand, einem Zaun oder einer Hecke. Sie sehen aber auch als Solitäre in Rasenflächen oder Bestandteil von Strauchgruppen gut aus.

'Cornelia'

Cornelia

HÖHE *1,5 m* BREITE *1,5 m* BLÜTE *Öfterblühend*
KLASSE *Moschus-Rose* DUFT *Mittel bis kräftig, Tee*

Mit ihrem leicht übergebogenen Wuchs ist ‘Cornelia’ die Idealbesetzung für den hinteren Bereich von Rabatten, doch auch als Einzelkämpferin auf Rasenflächen versteht sie sich effektvoll in Szene zu setzen. Ihre satt lachsrosa Blüten sind mit 5 cm Durchmesser recht klein, erscheinen dafür aber sehr zahlreich. Besonders schön sehen sie im kühleren Herbstwetter aus – und duften dann auch umwerfend. Die gesunde, wüchsige Rose kann in wärmeren Klimazonen zu einem ansehnlichen Strauch heranwachsen.

Rosa californica ‘Plena’

HÖHE *2,5 m* BREITE *2 m* BLÜTE *Einmalblühend*
KLASSE *Wildrose* DUFT *Kräftig, Alte Rose*

Diese Wildrose zu haben lohnt sich. Sie ist so ganz anders als die modernen Sorten und wächst zu einem mächtigen, eindrucksvollen Strauch mit vielen relativ kleinen, locker gefüllten, mittelrosa Blüten sowie einem angenehmen Duft nach Alten Rosen heran. Es dauert zwar ein paar Jahre, bis sie ihr Potenzial ausschöpft, aber das Warten lohnt sich. Eindruck macht sie auch in naturnahen Gärten in hohem Gras.

The Lark Ascending

HÖHE *2 m* BREITE *2 m* BLÜTE *Öfterblühend*
KLASSE *Englische Rose* DUFT *Leicht, Tee oder Myrrhe*
SORTENCODE *‘Ausursula’*

Eine ausgesprochen robuste, verlässliche Sorte mit relativ aufrechtem Wuchs. Sie eignet sich bestens als Hintergrund für blaue und violette Stauden wie Katzenminze, Salbei, Glockenblume, Rittersporn und Aster. Ihre locker halbgefüllten, bezaubernden Blüten erscheinen vom Frühsommer bis in den Herbst hinein in großer Zahl. Der Strauch begeistert durch beste Gesundheit und Winterhärte, was bei einer Rose dieser Farbe und Höhe nicht selbstverständlich ist.

Rosa californica ‘Plena’

‘The Lark Ascending’

Hyde Hall

HÖHE *2 m* BREITE *2 m* BLÜTE *Öfterblühend* KLASSE *Englische Rose* DUFT *Schwach, fruchtig* SORTENCODE *'Ausbosky'*

Wer etwas für den Hintergrund einer breiten Rabatte sucht, liegt mit ihr genau richtig. Ihre dicht gefüllten, mittelrosa, flach becherförmigen Blüten öffnen sich sehr zahlreich und machen dadurch viel Eindruck. Sie bilden eine großartige Kulisse für andere Rosen oder auch Stauden. 'Hyde Hall' blüht reichlich, remontiert gut und ist sehr gesund.

Cinderella

HÖHE *1,5 m* BREITE *1 m* BLÜTE *Öfterblühend* KLASSE *Moderne Strauchrose* DUFT *Kräftig, fruchtig* SORTENCODE *'Korfobalt'*

'Cinderella' ist beseelt vom Zauber Alter Rosen, bietet aber zugleich die Vorteile moderner Sorten, also gute Remontanz und beste Gesundheit. Die Kronblätter der dicht gefüllten Blüten sind ansprechend innerhalb eines äußeren Rings angeordnet. Im intensiven, fruchtigen Duft erkennt man grüne Äpfel mit einem Hauch von Vanilleblume. Die Sorte hat bei Ausstellungen in ganz Europa bereits zahlreiche Goldmedaillen gewonnen.

»Aus hohen Rosen und anderen Blütensträuchern lässt sich eine farbenfrohe, duftende Strauchrabatte zusammenstellen, die das ganze Jahr gut aussieht.«

Thérèse Bugnet

HÖHE *2 m* BREITE *1,2 m*
BLÜTE *Öfterblühend*
KLASSE *Kartoffel-Rose (Hybride)*
DUFT *Kräftig, Alte Rose*

Diese wenig bekannte Rose hat viele ausgezeichnete Eigenschaften. Auf den ersten Blick würde man nie vermuten, dass es sich um eine Hybride der superstacheligen Kartoffel-Rose handelt, da sie fast unbewehrt ist. Dafür verrät das recht derbe Laub die Verwandtschaft. Die Blüten sind typisch für eine gefüllte Alte Rose, was ebenso für den Duft gilt. 'Thérèse Bugnet' ist außerordentlich gesund und gut frosthart, gedeiht aber auch in mediterranem Klima gut.

Westerland

HÖHE *2 m* BREITE *1,5 m*
BLÜTE *Öfterblühend* KLASSE *Moderne Strauchrose* DUFT *Kräftig, fruchtig* SORTENCODE *'Korwest'*

Manche Sorten erlangen quasi kometenhaft Starruhm, andere brauchen Zeit. Zu Letzteren gehört auch 'Westerland'. Ihre großen, bis zu 10 cm breiten, halbgefüllten Blüten leuchten in einer Mischung aus Zinnoberrot, Karminrot, Rosa, Gelb und Bernstein. Obwohl es bei diesem ungewöhnlichen Farbmix mitunter schwer ist, geeignete Begleiterinnen zu finden, ist die Gesamtwirkung nicht allzu grell. Die Rose duftet intensiv fruchtig und erfreut sich bester Gesundheit. Auf ihre Blüten folgt ein guter Besatz lange haltender Hagebutten. Insgesamt eine vorzügliche Sorte.

Violacea

HÖHE *2 m* BREITE *1,5 m*
BLÜTE *Einmalblühend*
KLASSE *Gallica-Rose*
DUFT *Schwach*

Eine herausragende Rose von großer Individualität, bisweilen auch 'La Belle Sultane' genannt. Auf den ersten Blick könnte man meinen, dass sie sehr alt und eng mit *Rosa gallica* verwandt ist, doch liegen ihre Ursprünge im Dunkeln – vermutlich entstand sie im 19. Jahrhundert. Ihre Blüten sind in der Regel fünfzählig und satt magentarot, an den Rändern fast schwarz und in der Mitte weiß mit einem sehr schönen Bündel aus Staubblättern. Die Sorte wächst zu einem großen Strauch mit langen, fast stachellosen, gebogenen Trieben heran.

'Penelope'

Penelope

HÖHE *2 m* BREITE *2 m* BLÜTE *Öfterblühend* KLASSE *Moschus-Rose* DUFT *Mittel bis kräftig, fruchtig, Moschus*

'Penelope' gibt einen vorzüglichen Hintergrund ab, ist aber auch als frei stehender Strauch nicht zu verachten. Ihre übergebogenen Triebe sind schon vom Boden ab mit halbgefüllten, anfangs leicht rosa, bald aber weißen Blüten besetzt. Entfernt man welken Flor, remontiert sie gut, lässt man ihn an der Pflanze, bekommt man viele korallenrosa Hagebutten. Der Duft ist ein interessanter Mix aus Frucht (von den Kronblättern) und Moschus (von den goldgelben Staubblättern). Die Rose verträgt etwas Schatten und kargere Böden. Im Mittelmeerklima kann man sie als Kletterrose wachsen lassen.

Clair Matin

HÖHE *2,5 m (als Kletterpflanze 3 m)* BREITE *2 m* BLÜTE *Öfterblühend* KLASSE *Moderne Strauchrose* DUFT *Schwach bis mittel, süß* SORTENCODE *'Meimont'*

Das Besondere an 'Clair Matin' ist ihre Blühfreude: Sie öffnet ihren Flor im Frühsommer und lässt sich erst von der Kälte stoppen. Die Knospen sind weich pfirsichfarben, die halbgefüllten Blüten zartrosa und damit eine schöne Kulisse für alle Farben. Sie reagiert gut auf Düngung und optimale Bedingungen, kommt aber auch ohne zurecht. Man kann sie klettern lassen.

'Clair Matin'

'Desdemona'

Rosen für gemischte Rabatten

Diese Rosen sind unterschiedlich hoch und sehen am besten im Verbund mit anderen Pflanzen aus. Stauden, Zweijährige und Einjährige unterstreichen sie und bringen zudem die Farbe Blau ins Spiel. Die Gesellschaft anderer Pflanzen hält sie gesund.

»Die gemischte Rabatte unterstreicht die Schönheit der Rose, indem sie sie anderen Pflanzen gegenüberstellt.«

'Eustacia Vye'

Desdemona

HÖHE *1 m* BREITE *1 m* BLÜTE *Öfterblühend*
KLASSE *Englische Rose* DUFT *Kräftig, fruchtig, Alte Rose*
SORTENCODE *'Auskindling'*

Pflanzen mit reinweißen Blüten lassen sich mitunter schwer in einen Garten integrieren, da sie etwas hart und antiseptisch wirken können. Die Blüten von 'Desdemona' allerdings sind leicht rosa überlaufen, vor allem nach dem Aufblühen, und harmonieren prächtig mit den meisten Farben, solange diese nicht zu kräftig sind. Die reich blühende Sorte trägt Unmengen kelchförmiger Blüten. Sie sind zwar gefüllt, aber nicht allzu dicht mit Kronblättern bepackt, wodurch sich ein schönes Spiel aus Licht und Schatten ergibt. Ihr Duft ist besonders einnehmend – ein Zusammenwirken aus Alter Rose mit Andeutungen an Mandelblüten, Gurken und Zitronenschale, wobei sich vor allem Letztere nach vorn drängt. Gut macht sich die Sorte zudem in Gefäßen (S. 123).

Eustacia Vye

HÖHE *1,2 m* BREITE *1 m* BLÜTE *Öfterblühend*
KLASSE *Englische Rose* DUFT *Kräftig, fruchtig*
SORTENCODE *'Ausegdon'*

Mit ihrem zarten Rosa und Apricot fügt sich 'Eustacia Vye' gut in gemischte Rabatten ein. Sie wächst ziemlich aufrecht und steht deshalb am besten hinter niedrigerem Fußvolk wie *Erigeron karvinskianus*, *Nepeta* oder Nelken (*Dianthus*). Wichtig ist aber immer, dass man sie gut erreicht, um ihren intensiven, fruchtigen Duft (S. 142) genießen zu können. Eine sehr gesunde Sorte, die außerdem gut remontiert.

Harlow Carr

HÖHE *1 m* BREITE *1 m* BLÜTE *Öfterblühend* KLASSE *Englische Rose* DUFT *Kräftig, Alte Rose* SORTENCODE *'Aushouse'*

Jede Blüte von 'Harlow Carr' ist eine perfekte mittelgroße Rosette in reinstem Rosa. Der Strauch öffnet Unmengen davon in großen Büscheln und duftet intensiv nach Alter Rose. Die übergebogenen Triebe blühen vom Boden an aufwärts. 'Harlow Carr' bewährt sich auch als hübsche Schnittblume, doch sollte man sich vor den Stacheln hüten. Selbst in Hecken macht die Sorte noch eine gute Figur (S. 168).

'Harlow Carr'

'Felicia'

'Madame Hardy'

Madame Hardy

HÖHE *1,5 m, kletternd auch bis 2,5 m*

BREITE *1,2 m* BLÜTE *Einmalblühend*

KLASSE *Damaszener-Rose* DUFT *Kräftig, Alte Rose*

Eine der schönsten – und am einfachsten zu bestimmenden – Alten Rosen. 'Madame Hardy' gehört zu den ganz wenigen guten weißen Vertreterinnen dieser Gruppe und ist leicht zu erkennen an ihrem grünen Blütenauge. Ihre Blüten bestehen aus einer perfekt geformten Rosette und duften umwerfend. Schneidet man die Pflanze nur leicht, kann sie ziemlich hoch werden und sogar eine zauberhafte Kletterrose abgeben.

Felicia

HÖHE *1,5 m, kletternd auch bis 2,5 m* BREITE *1,5 m*
BLÜTE *Öfterblühend* KLASSE *Moschus-Rose* DUFT *Mittel bis kräftig, fruchtig, Moschus*

Eine der besten Moschus-Rosen. Sie blüht mit großem Eifer und ist ausgesprochen gesund. Ihre Blüten sind locker gefüllt und setzen sich aus oben rosaroten und unten apricotfarbenen Kronblättern zusammen, sodass sie insgesamt silbrig lachsrosa wirken. Im Herbst wird die Farbe satter und die Blüten stehen in größeren Büscheln. Schneidet man den Strauch nur leicht, kann er recht groß werden und in wärmeren Klimazonen sogar kletternd wachsen. Ihr Charisma entfaltet 'Felicia' auch in Anwesenheit anderer Blüten.

Lichfield Angel

HÖHE *1,2 m* BREITE *1,2 m* BLÜTE *Öfterblühend*
KLASSE *Englische Rose* DUFT *Leicht, Moschus*
SORTENCODE *'Ausrelate'*

Eine besonders reichblühende Sorte mit relativ biegsamen Trieben und überhängendem Wuchs. Mit vielen Stauden, die eine ähnliche Wuchsform haben, bildet sie ein Dream-Team. Ihre Blüten sind zunächst hell pfirsichrosa, vollständig geöffnet aber cremeweiß und wie eine lockere Rosette zusammengesetzt, wobei sich die äußeren Kronblätter zum Schluss zurückbiegen. Besonders gut kommt diese Sorte zur Geltung, wenn Katzenminze davor wächst. Sie ist fast stachellos und eignet sich auch als Heckenpflanze.

'Lichfield Angel'

The Lady Gardener

HÖHE *1,2 m* BREITE *1,2 m* BLÜTE *Öfterblühend*
KLASSE *Englische Rose* DUFT *Kräftig, Tee*
SORTENCODE *'Ausbrass'*

Für Rosen mit apricotfarbenen Blüten lassen sich unschwer Beetgenossinnen auftreiben. Am besten eignen sich Pflanzen mit violetten Blüten wie Salbei, doch funktionieren auch andere Farben. Mit ihrem kräftigen, buschigen Wuchs setzt 'The Lady Gardener' schon als Solitär Zeichen (S. 118), noch besser aber macht sie sich als dicht zusammengepflanzte Dreiergruppe. Die Blüten duften gewinnend nach Tee mit Anflügen von Zedernholz und Vanille.

'The Lady Gardener'

Tuscany Superb

HÖHE *1,5 m* BREITE *1,2 m*
BLÜTE *Einmalblühend*
KLASSE *Gallica-Rose*
DUFT *Leicht bis mittel, Alte Rose*

Rosen mit kräftig violetten Blüten ziehen stets die Aufmerksamkeit auf sich. 'Tuscany Superb' gehört zu den besten Sorten dieser Kategorie, obwohl sie nur einmal blüht. Das Bündel gelber Staubblätter im Zentrum betont die Farbe der Blütenblätter noch. Wie fast alle Gallica-Rosen hat die Sorte kaum Stacheln. Reibt man an den frischen Trieben, setzen sie einen angenehmen, harzigen Duft frei. Besonders schön sieht die Rose Seite an Seite mit Lavendel aus.

Stéphanie d'Ursel

HÖHE *1,2 m* BREITE *1 m*
BLÜTE *Öfterblühend*
KLASSE *Moderne Strauchrose*
DUFT *Kräftig, fruchtig*
SORTENCODE *'Vel15fchpo'*

Eine unverwechselbare Sorte mit großen, fast ungefüllten Blüten in zartem Apricot, das mit der Zeit zu Cremeweiß verblasst, weshalb sie sich gut mit kräftiger gefärbten Blüten derselben Farbpalette oder kontrastierendem Violett kombinieren lässt. Sie verströmt einen ungewöhnlichen Duft nach Maiglöckchen mit einem Hauch von Zitrus und sollte daher so positioniert werden, dass man sie gut erreicht, etwa neben einem Weg oder in einem Pflanzgefäß. Eine sehr gesunde Sorte, die auch gern von Bienen besucht wird.

Belle de Jour

HÖHE *1,2 m* BREITE *1 m*
BLÜTE *Öfterblühend*
KLASSE *Floribunda-Rose*
DUFT *Kräftig, Vanille und Aprikose*
SORTENCODE *'Deljaupar'*

'Belle de Jour' trägt stark gefüllte Blüten in Zitrus- und Cremegelb mit Andeutungen von Lachsrosa. Sie öffnen sich an einem ausgewogenen, aufrechten Strauch. Die Sorte ist ungemein gesund und hat bei Rosenwettbewerben schon eine ganze Reihe von Preisen gewonnen. Sie beschwört ein Duftmantra aus Vanille und Apricot. Selbst als Schnittblume genießt sie einen guten Ruf.

The Shepherdess

HÖHE *1,2 m* BREITE *1 m*
BLÜTE *Öfterblühend*
KLASSE *Englische Rose*
DUFT *Mittel, fruchtig*
SORTENCODE *'Austwist'*

Jede Rabatte braucht eine ausgewogene Kombination aus Pflanzen, die Aufmerksamkeit heischen, und solchen, die zwar ebenfalls hübsch aussehen, aber eher im Stillen agieren. 'The Shepherdess' ist das perfekte Beispiel für eine solche Helferin im Hintergrund. Die Blüten sind zart apricotfarben und schlagen je nach Witterung ins Rosafarbene. Sie haben eine hohe Becherform und legen nach und nach ihre Staubblätter frei. Im Duft manifestieren sich Fruchtnoten mit Anklängen an Zitrus.

Ipsilanté

HÖHE *1,5 m* BREITE *1,2 m*
BLÜTE *Einmalblühend*
KLASSE *Gallica-Rose*
DUFT *Kräftig, Alte Rose*

Eine klassische, hinreißende Gallica-Rose mit duftenden, kräftig rosa Blüten. Die Kronblätter sind so angeordnet, dass die Blüte annähernd geviertelt wirkt. Mitunter ist in der Mitte ein kleines grünes Auge zu sehen. Die relativ biegsamen Triebe neigen zum Umfallen, sodass sich die Blüten mit denen von Nachbargewächsen vermischen, wodurch sich attraktive Farbkombinationen ergeben. Die Sorte wird gelegentlich auch 'Ypsilanté' geschrieben.

Nuits de Young

HÖHE *1 m* BREITE *75 cm*
BLÜTE *Einmalblühend*
KLASSE *Moosrose*
DUFT *Kräftig, Alte Rose*

Eine unverwechselbare Rose, deren Blüten zu den dunkelsten überhaupt zählen. Sie gehört zur Klasse der Moosrosen, an deren frischen Trieben und Blüten mal mehr, mal weniger weiche moosige Auswüchse sitzen. 'Nuits de Young' ist reichlich mit diesem Besatz gesegnet, der beim Zerreiben klebrig ist und aromatisch nach Harz duftet. Ihre Blüten locken mit dem klassischen Duft Alter Rosen. Die Sorte wächst schmal aufrecht und wird daher am besten zu mehreren dicht an dicht gepflanzt, sofern es nicht sehr eng zugeht und nur ein Exemplar Platz hat. Ihre schönste Wirkung entfaltet sie neben Blüten in kräftigem Rosa.

Princess Anne

HÖHE *1,2 m* BREITE *1,2 m* BLÜTE *Öfterblühend*
KLASSE *Englische Rose* DUFT *Mittel, Tee*
SORTENCODE *'Auskitchen'*

Mit ihren großen, auffallenden, anfangs satt rosarot, später zu Mittelrosa ausbleichenden Blüten mischt diese Sorte jede Rabatte auf. Sie ist sehr robust und verlässlich, weshalb sie alles andere als ideale Bedingungen übersteht und mit vielen Pflanzen harmoniert, solange diese ihr nicht zu nahe kommen und ihr dadurch Wasser und Nährstoffe wegnehmen. Eine gute Figur macht sie neben weicheren Farben wie dem Silbergrau von *Stachys byzantina* und *Artemisia* 'Powis Castle' oder dem Lila von Katzenminze, Lavendel und Salbei. Ihr Duft ist variabel: manchmal kräftig, dann wieder schwach.

Summer Memories

HÖHE *1,2 m* BREITE *60 cm*
BLÜTE *Öfterblühend* KLASSE *Moderne Strauchrose*
DUFT *Schwach* SORTENCODE *'Koruteli'*

Eine Sorte mit den für Alte Rosen typischen klassischen gefüllten Blüten. Historische Sorten mit rein- oder cremeweißem Flor sind schwer aufzutreiben, weshalb sie eine gute Alternative ist, vor allem, weil sie auch wenig krankheitsanfällig ist. Diese unkomplizierte Rose fügt sich gut in die Rabattenmitte mit kleineren Pflanzen davor und größeren dahinter ein.

'Summer Memories'

'Princess Anne' (mittelrosa Rose, rechts)

Great Maiden's Blush

HÖHE *2 m* BREITE *1,2 m* BLÜTE *Einmalblühend*
KLASSE *Alba-Rose* DUFT *Kräftig, Alte Rose*

Eine der schönsten – und auch ältesten – Alten Rosen, entstanden um 1550 oder sogar noch früher. Sie trägt viele Namen, unter anderem 'Cuisse de Nymphe', und ist eine echte Überlebenskünstlerin, die weder der Konkurrenzdruck durch andere Pflanzen noch Vernachlässigung anficht. Ihre zartrosa, mit der Zeit zu Weiß verblassenden Blüten lassen sich gut in gemischte Rabatten integrieren. Sie sollte dort positioniert werden, wo man ihre Blüten bequem erreicht und ihren Duft ungehindert und oft genießen kann.

'Great Maiden's Blush'

Tottering-by-Gently

HÖHE *1,2 m* BREITE *1,2 m* BLÜTE *Öfterblühend*
KLASSE *Englische Rose* DUFT *Leicht bis mittel, Moschus*
SORTENCODE *'Auscartoon'*

Rosen mit ungefüllten Blüten kommen in gemischten Rabatten oft gut zur Geltung, besonders neben anderen ungefüllten Blüten wie denen von Kosmeen und Stockrosen. 'Tottering-by-Gently' öffnet mittelgroße gelbe Blüten, die sich, wenn man sie nach dem Verwelken nicht abzwickt, in lange haltende Hagebutten verwandeln (S. 159). In guter Gesellschaft ist sie neben den orangefarbenen Blüten von Sonnenbraut und Nelkenwurz oder blauen Astern wie *A.* ×*frikartii* 'Mönch' und *Symphyotrichum* 'Little Carlow'.

Olivia Rose Austin

HÖHE *1,2 m* BREITE *1 m* BLÜTE *Öfterblühend*
KLASSE *Englische Rose* DUFT *Schwach bis mittel, fruchtig*
SORTENCODE *'Ausmixture'*

Eine herausragende Züchtung, die sich sowohl durch ihre Blütenfülle als auch ihre beachtliche Gesundheit profiliert. Sie beginnt gut und gern 2–3 Wochen vor den meisten anderen Rosen zu blühen und remontiert anschließend bereitwillig bis in den Herbst. Die Blüten entfalten sich zu einer flachen Becherform und heben sich mit ihrem Rosa ansprechend vom leicht grauen Ton des Laubs ab. Die Sorte lässt sich im Garten vielseitig einsetzen, wird aber am besten mit anderen Gewächsen kombiniert. Sie verträgt sich gut mit verschiedensten Rosatönen, aber auch Violett, Blau und sogar zartem Gelb.

Rosa gallica var. *officinalis*

HÖHE *1,2 m* BREITE *1 m*
BLÜTE *Einmalblühend* KLASSE *Gallica-Rose*
DUFT *Kräftig, Alte Rose*

Dieser Abkömmling der Essig-Rose, auch Apothekerrose oder Red Rose of Lancaster genannt, ist womöglich die älteste Gartenrose überhaupt. Sie wird in vielen Teilen Europas in großer Zahl angebaut, vor allem in der französischen Stadt Provins, und kommt seit Langem in der Küche, in der Medizin sowie in der Kosmetik zum Einsatz. Ihre Blüten sind relativ groß, halbgefüllt und magentarosa mit kontrastierenden gelben Staubblättern. Die Rose ist recht robust und lässt sich auch von ausbreitungsfreudigen Stauden direkt neben sich nicht aus dem Konzept bringen. Aus den Blüten entwickeln sich Hagebutten, deren Rot allerdings recht stumpf ist.

For Your Eyes Only

HÖHE *1 m* BREITE *75 cm*
BLÜTE *Öfterblühend* KLASSE *Floribunda-Rose*
DUFT *Schwach, Zitrone* SORTENCODE *'Cheweyesup'*

Diese Rose öffnet ungefüllte lachsrosa Blüten mit pflaumenrotem Auge. Sie ist das Ergebnis züchterischer Bemühungen mit dem Ziel, das auffällige rote Auge der Wildrose *Rosa persica* in moderne, öfterblühende Sorten hineinzukreuzen. Die Sorte erfreut durch gute Gesundheit und blüht reichlich, ihr hervorstechendstes Merkmal aber ist die dunkle Mitte. Es lohnt sich, Nachbarpflanzen farblich darauf abzustimmen.

'Tottering-by-Gently'

Rosa gallica var. *officinalis*

'Olivia Rose Austin'

'For Your Eyes Only'

Rosen für Pflanzgefäße

Mit einer Rose im Pflanzgefäß bringt man Farbe und Duft auf Terrassen, Holzdecks, Balkone und überall dorthin, wo Freilandkultur nicht möglich ist. Die besten Topfrosen sind klein, rundlich und duften angenehm.

'The Lady Gardener'

The Lady Gardener

HÖHE *1,2 m* BREITE *1,2 m*
BLÜTE *Öfterblühend* KLASSE *Englische Rose*
DUFT *Kräftig, Tee* SORTENCODE *'Ausbrass'*

Mit ihrem relativ aufrechten, buschigen Wuchs ist 'The Lady Gardener' eine ausgesprochen nützliche und schöne Rose für Pflanzgefäße. Die großen, apricotfarbenen Blüten geben einen von Teenoten getragenen Duft frei, der aber auch Zedernholz und Vanille in sich birgt. Stellt man die Rose vor eine helle Wand, kommen die Blüten besser zur Geltung und öffnen sich außerdem früher. Eine gesunde, remontierende Rose.

Princess Alexandra of Kent

HÖHE *1,2 m* BREITE *1,2 m*
BLÜTE *Öfterblühend* KLASSE *Englische Rose*
DUFT *Kräftig, Tee und Frucht*
SORTENCODE *'Ausmerchant'*

Mit ihren großen, sattrosa Blüten setzt 'Princess Alexandra of Kent' in Töpfen Zeichen. Ihr intensiver Teeduft mit Zitronenabgang, ihre Zähigkeit und ihre Verlässlichkeit machen sie zur idealen Topfbewohnerin. In der Rabatte (S. 97) wächst sie relativ aufrecht und buschig, aber im Topf, wo ihre Basis mehr Licht bekommt, wird sie rundlicher und öffnet auch weiter unten Blüten.

'Princess Alexandra of Kent'

Herzogin Christiana

HÖHE *75 cm*
BREITE *45 cm*
BLÜTE *Öfterblühend*
KLASSE *Floribunda-Rose*
DUFT *Kräftig, Frucht*
SORTENCODE *'Korgeowim'*

Eine relativ aufrechte Sorte mit ausgewogenem Wuchs und zartrosa Blüten, die sich in einem blau glasierten Topf von ihrer besten Seite zeigen. Die etwas ungewöhnlichen Blüten sind sehr rund und öffnen sich nur teilweise. Ihre Mitte ist zartrosa, der Rand eher cremeweiß. Besonders ausgeprägt ist ihr fruchtiger Duft: eine einnehmende Synthese aus Zitrone, Himbeere und Apfel.

Natasha Richardson

HÖHE *1 m*
BREITE *75 cm*
BLÜTE *Öfterblühend*
KLASSE *Floribunda-Rose*
DUFT *Kräftig, Zitrus*
SORTENCODE *'Harpacket'*

Eine hübsche, kompakte Rose mit Blüten ganz im Stil Alter Rosen. Ältere Blüten öffnen sich so weit, dass sie die Staubblätter freigeben. 'Natasha Richardson' schmeichelt mit einem verlockenden Zitrusduft – stellt man sie im Topf neben einen Sitzbereich, wirkt er regelrecht erfrischend. Eine unglaublich gesunde Sorte, die auch noch gut remontiert.

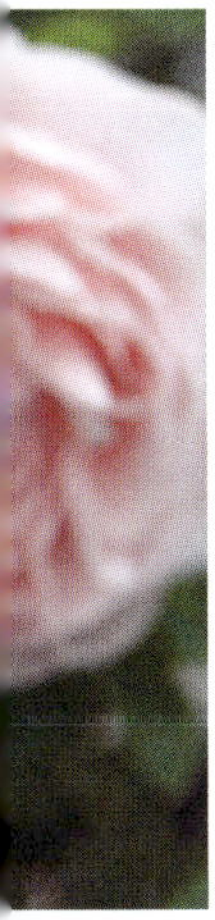

Sibelius

HÖHE *1 m*
BREITE *75 cm*
BLÜTE *Öfterblühend*
KLASSE *Moschus-Rose*
DUFT *Mittel*
SORTENCODE *'Lenbar'*

'Sibelius' setzt eine Vielzahl kleiner, halbgefüllter Blüten an, die farblich zwischen hellem Violett und dunklem Rosa angesiedelt sind und sehr an die einmalblühende Rambler-Rose 'Veilchenblau' erinnern. Der kleine Strauch remontiert den ganzen Sommer bis in den Herbst hinein und setzt anschließend noch Hagebutten an, sofern die welken Blüten nicht entfernt wurden. Zur gleichen Zeit verändert sich die Laubfarbe von dunklem Grün zu Rot und Gelb. Eine etwas andere, aber hübsche Rose.

Joie de Vivre

HÖHE *60 cm*
BREITE *45 cm*
BLÜTE *Öfterblühend*
KLASSE *Floribunda-Rose*
DUFT *Schwach*
SORTENCODE *'Korfloci01'*

Eine kompakte, äußerst gesunde Sorte. Ihren großen Auftritt hat sie, wenn man sie in einem kleinen Topf dort platziert, wo nicht viel Platz ist. Die hübschen Blüten sind durch und durch Alte Rose und setzen sich aus rosettenförmig angeordneten, zart apricotrosa Kronblättern zusammen, die nach außen hin heller werden. Eine preisgekrönte, äußerst gesunde Sorte, die auch unter der Bezeichnung 'Garden of Roses' bekannt ist.

Gartenprinzessin Marie-José

HÖHE *75 cm*
BREITE *60 cm*
BLÜTE *Öfterblühend*
KLASSE *Floribunda-Rose*
DUFT *Kräftig, Frucht*
SORTENCODE *'Korgehaque'*

Eine ausgezeichnete Rose, die förmlich nach einem Topf verlangt. Ihre dunkelrosa Blüten bilden anfangs eine Kugel, öffnen sich jedoch mit der Zeit und geben die Mitte frei. Der intensive Duft spielt im Wesentlichen auf der Fruchtklaviatur und offenbart deutliche Himbeer- und Rhabarbernoten, unterhält jedoch auch mit Andeutungen an Patschuli. Die von Natur aus kompakte Sorte braucht kein großes Gefäß und nimmt auch nicht viel Platz ein. Sie ist kerngesund und gut winterhart.

»Eine Rose im Topf ist per se ein Blickfang, vor allem, wenn es sich um eine kleine Sorte handelt, die in einem gemischten Beet untergehen würde.«

'Golden Beauty'

'Desdemona'

Golden Beauty

HÖHE *1 m* BREITE *1 m* BLÜTE *Öfterblühend* KLASSE *Floribunda-Rose* DUFT *Mittel, süß* SORTENCODE *'Korberbeni'*

Wie der Name schon verrät, setzt sich diese Sorte mit satt goldgelben Blüten vor dunkelgrünem Laub in Szene. Ihre Knospen haben die klassische hohe, spitze Mitte einer Teehybride und legen nach dem Entfalten goldgelbe Staubblätter frei. 'Golden Beauty' ist unfassbar gesund und hat schon viele Preise gewonnen. Sie gedeiht auch bei heißen Temperaturen, die oft in einem Innenhof, auf einer Terrasse oder einem Balkon herrschen.

Desdemona

HÖHE *1 m* BREITE *1 m* BLÜTE *Öfterblühend* KLASSE *Englische Rose* DUFT *Kräftig, fruchtig, Alte Rose*
SORTENCODE *'Auskindling'*

Mit ihrem intensiven, delikaten Duft und der außerordentlichen Blühfreude bietet sich 'Desdemona' für Pflanzgefäße an. Sie ist nicht allzu wüchsig und wird auch nicht sonderlich hoch. Mit einem mittelgroßen Topf ist sie vollends zufrieden, doch muss man sie wie alle Rosen in Pflanzgefäßen gut wässern, damit sie optimal blüht. Die zart cremeweißen Blüten kommen besonders in einem blauen Topf zur Geltung.

Marie Pavié

HÖHE *60 cm* BREITE *75 cm* BLÜTE *Öfterblühend*
KLASSE *Polyantha-Rose* DUFT *Kräftig, Moschus*

'Marie Pavié', auch 'Pavič' genannt, wurde gegen Ende des 19. Jahrhunderts eingeführt und ist bis heute eine bewährte Rose geblieben, die vor allem in Pflanzgefäßen eine gute Figur macht. Ihr Moschusduft bleibt schwer in der Luft hängen und lässt sich sogar dann noch genießen, wenn man in einiger Entfernung sitzt. Die zartrosa, allmählich zu Weiß verblassenden Blüten erscheinen fast ununterbrochen vom Sommer bis in den Herbst hinein.

'Marie Pavié'

Rosen für beengte Verhältnisse

Diese Rosen haben alle einen niedrigen oder schmalen Wuchs und passen daher gut in kleine Gärten bzw. ungünstige, beengte Winkel. Sie tragen kleine bis mittelgroße Blüten mit unterschiedlicher Kronblattzahl und Form. Ganz nach Art Alter Rosen sind sie ungefüllt bis dicht gefüllt. Auch als Topfpflanzen bewähren sie sich.

'Sweet Honey'

Sweet Honey

HÖHE *1 m* BREITE *75 cm* BLÜTE *Öfterblühend*
KLASSE *Floribunda-Rose* DUFT *Schwach*
SORTENCODE *'Kormecaso'*

Wie der Name, zu Deutsch »süßer Honig«, bereits andeutet, trägt diese Sorte honiggelbe bis zart apricotfarbene Blüten. Sie geben mit der Zeit goldgelbe Staubblätter frei und werden schließlich cremeweiß, sodass sich ein reizvoller Doppelfarbeneffekt einstellt. Eine sehr gesunde Rose, die gut als Hecke eingesetzt werden kann, aber auch die Idealbesetzung für kleine Rabatten ist.

'Absolutely Fabulous'

Absolutely Fabulous

HÖHE *1 m* BREITE *60 cm* BLÜTE *Öfterblühend*
KLASSE *Floribunda-Rose* DUFT *Mittel bis kräftig, Myrrhe*
SORTENCODE *'Wekvossutono'*

Seit ihrer Einführung 2004 feiert diese Sorte auf der ganzen Welt Erfolge, was nicht nur ein Beweis für ihre Qualitäten ist, sondern auch belegt, dass sie mit unterschiedlichen Klimata zurechtkommt. Ihre warm goldgelben Blüten verblassen allmählich zu Cremeweiß. 'Absolutely Fabulous' beeindruckt mit einem angenehmen Myrrheduft, der manche allerdings eher an Anis erinnert. Die überaus reichblühende, gesunde Sorte empfiehlt sich für kleine Rabatten, als Solitär und in Gruppen mit zwei, drei oder, falls der Platz es zulässt, auch mehr Exemplaren. Selbst in formaleren Beeten hat sie sich bewährt.

'Dolomiti'

Dolomiti

HÖHE *75 cm* BREITE *45 cm* BLÜTE *Öfterblühend* KLASSE *Floribunda-Rose* DUFT *Leicht* SORTENCODE *'Korrahibe'*

'Dolomiti', auch 'Olijdolo' genannt, ist eine besonders blühfreudige, gesunde Rose, die monatelang Schwung in eine Rabatte oder ein Pflanzgefäß bringt. Die zähe, verlässliche Sorte hat in ganz Europa bereits etliche Preise bekommen. Ihre weit geöffneten, fast ungefüllten Blüten sind am Rand kräftig rosa und um die Mitte herum weiß. Sobald es zum Saisonende kühler wird, kann man sie Hagebutten ansetzen lassen. Sie sorgen noch ein paar weitere Monate für Farbtupfer im Garten.

Lupo

HÖHE *45 cm* BREITE *30 cm*
BLÜTE *Öfterblühend* KLASSE *Miniaturrose*
DUFT *Schwach* SORTENCODE *'Kordwarul'*

Eine hübsche kleine Rose, die sich für Töpfe eignet und auch als Hochstamm erhältlich ist. Sie öffnet Unmengen kleiner, halbgefüllter Blüten in Dunkelviolett bis Karminrot, die bei Bienen hoch im Kurs stehen. Die Sorte kommt mit Hitze und Schatten zurecht und wird daher gern auf Balkonen, in Hochbeeten und als Saumbepflanzung von Wegen und Rabatten eingesetzt. Verzichtet man auf ein Ausputzen, wird man mit reichem Hagebuttenschmuck belohnt. 'Lupo' ist außerordentlich widerstandsfähig gegen Krankheiten.

Summer of Love

HÖHE *75 cm* BREITE *45 cm* BLÜTE *Öfterblühend*
KLASSE *Floribunda-Rose*
DUFT *Schwach* SORTENCODE *'Korfliaumi'*

Mit kräftigen Farben lenkt diese Rose die Aufmerksamkeit auf sich: Ihre Blüten sind in der Mitte gelb und am Rand kirschrot. Sie bringt Leben in eine Rabatte, etwa wenn man sie neben Rosen, Stauden und Einjährigen in gedämpfteren Farben in Stellung bringt. Bienen sind ganz verliebt in ihre Blüten und leisten ihren Beitrag zu einem ordentlichen Fruchtansatz im Herbst. Eine preisgekrönte, äußerst krankheitsresistente Sorte.

Wildfire

HÖHE *60 cm* BREITE *45 cm*
BLÜTE *Öfterblühend* KLASSE *Patio-Rose*
DUFT *Schwach* SORTENCODE *'Fryessex'*

Die kompakte Rose peppt mit ihrer Leuchtkraft jeden Winkel auf. Ihre locker gefüllten Blüten glühen förmlich orange und öffnen sich über einen langen Zeitraum hinweg. 'Wildfire' wächst frohgemut in Töpfen oder Hochbeeten und ist auch als Hochstamm zu haben.

Miss Edith Cavell

HÖHE *60 cm* BREITE *45 cm*
BLÜTE *Öfterblühend* KLASSE *Polyantha-Zwergrose*
DUFT *Schwach*

Einer von vielen Sports der 'Orléans Rose', die eine wichtige Rolle in der Geschichte der Rosenzucht spielt und im Stammbaum fast jeder nachfolgenden Polyantha- und Floribunda-Rose auftaucht. Während aber 'Orléans Rose' kleine halbgefüllte bis gefüllte, kirschrote Blüten präsentiert, sind sie bei 'Miss Edith Cavell' geringfügig dunkler. Außerdem blüht das geschätzte »Fräulein« überreichlich und ist sehr gesund. Interessanterweise haben ihre Blütenstiele wie die von Gallica-Rosen harzig duftende Drüsenhaare.

'Lupo'

'Wildfire'

'Summer of Love'

'Miss Edith Cavell'

'Sternenhimmel'

'Pink Hit'

'Katharina Zeimet' (ihr gehören die weißen Blüten unter der Birke) als Bestandteil einer gemischten Rabatte

Sternenhimmel

HÖHE *30 cm* BREITE *30 cm*
BLÜTE *Öfterblühend* KLASSE *Miniaturrose*
DUFT *Schwach* SORTENCODE *'Korhubkah'*

Eine sehr kleine Rose, die überall dort eingesetzt werden kann, wo es ganz eng zugeht. Die Blüten werden nur 4 cm breit, sind bei Bienen aber sehr beliebt. Farblich zeigen sie ein zartes Rosa, das sich jedoch mit der Zeit aufhellt. Sie sind ungefüllt, doch schmuggeln sich gelegentlich ein, zwei zusätzliche Kronblätter mit hinein. 'Sternenhimmel' ist öfterblühend, aber auch bereit, Hagebutten zu liefern, sofern man der Sorte Gelegenheit dazu gibt. Eine außerordentlich gesunde, empfehlenswerte Sorte.

Pink Hit

HÖHE *30 cm* BREITE *30 cm*
BLÜTE *Öfterblühend* KLASSE *Miniaturrose*
DUFT *Nicht vorhanden* SORTENCODE *'Poultipe'*

Es lohnt sich, einen genaueren Blick auf den Flor von Miniaturrosen zu werfen. Manche Sorten, so auch 'Pink Hit' (Alternativbezeichnung: 'Silver Wishes'), bieten perfekt geformte, gefüllte Blüten im Stil Alter Rosen. Selbst die Farbe, ein reines Rosa, ist exakt wie bei Alten Rosen. Im Gegensatz zu diesen allerdings bewährt sich die Sorte als hervorragende Dauerblüherin, wenn auch ohne Duft. Ansonsten ist sie robust, verlässlich, gedeiht in mageren Böden und blüht sogar dort gut. Und für Pflanzgefäße eignet sie sich auch.

Katharina Zeimet

HÖHE *1 m* BREITE *75 cm* BLÜTE *Öfterblühend*
KLASSE *Polyantha-Zwergrose* DUFT *Mittel, süß*

Sie gehört zu den Rosen mit der längsten Blütezeit. Die einzelnen weißen Blüten sind zwar nicht sonderlich wohlgeformt, doch öffnen sie sich überaus zahlreich in großen, duftenden Büscheln. Wenn man 'Katharina Zeimet' nur leicht schneidet oder in warmen Klimazonen kultiviert, kann sie ein gutes Stück höher werden als angegeben. Sie ist sehr winterhart.

'Comte de Champagne'

Tier-freundliche Rosen

Wer Tiere in seinen Garten locken will, hat mit Rosen jeder Größe und Klasse ausgezeichnete »Lockvögel«. Die hier aufgeführten Sorten tragen alle ungefüllte oder halbgefüllte Blüten, um so viele Nützlinge wie möglich anzuziehen. Viele bilden zudem Hagebutten, die im Winter eine wertvolle Nahrungsquelle darstellen. Im Strauchwerk von Rosenbüschen wiederum finden Vögel und Kleinsäuger ein sicheres Quartier.

'Weg der Sinne'

Comte de Champagne

HÖHE *1,2 m* BREITE *1,2 m*
BLÜTE *Öfterblühend* KLASSE *Englische Rose*
DUFT *Schwach bis mittel, Moschus* SORTENCODE *'Ausufo'*

'Comte de Champagne' bietet einfache, aber bezaubernde halbgefüllte Blüten auf, deren große Zahl an Staubblättern eine Extraeinladung für Bienen ist. Frisch geöffnet sind die Blüten apricotfarben, später werden sie zart cremegelb, sodass ein ansprechender Mix aus verschiedenen Farbtönen gewährleistet ist, durch die sich die Sorte außerdem problemlos in eine Rabatte integrieren lässt.

Weg der Sinne

HÖHE *75 cm* BREITE *60 cm*
BLÜTE *Öfterblühend* KLASSE *Moderne Strauchrose*
DUFT *Schwach* SORTENCODE *'Korwedesi'*

Eine robuste, vielseitige Rose, die Schatten verträgt, sich für Rabattenränder eignet und auch in Pflanzgefäßen für die Terrasse oder den Balkon gut aufgehoben ist. Das kräftige Rotviolett ihrer Blüten wird von einem kontrastierenden gelben Ring in der Mitte hervorgehoben, der auf das Konto der Staubblätter und Kronblattansätze geht. Zum Saisonausklang bildet sich ein ganzer Schwung Hagebutten. Die Sorte ist ausgesprochen winterhart.

Dunwich Rose

HÖHE *60 cm* BREITE *1 m*
BLÜTE *Einmalblühend* KLASSE *Wildrose* DUFT *Schwach*

Eine Form von *Rosa spinosissima*, die an den Küsten der Britischen Inseln und Europas auf Sanddünen vorkommt. 'Dunwich Rose' unterscheidet sich durch die ansprechend übergebogenen, schon früh in der Saison dicht mit cremeweißen Blüten besetzten Triebe von der Wildform. Zwar verwöhnt sie weder mit den schwarzen Hagebutten noch mit dem bezaubernden Duft der Art, hat aber den Vorteil, dass sie sich nicht ganz so ungestüm ausbreitet. Sie ist sehr stachelig und unglaublich hart im Nehmen.

'Dunwich Rose'

Morning Mist

HÖHE *2 m* BREITE *1,5 m*
BLÜTE *Öfterblühend* KLASSE *Englische Rose*
DUFT *Schwach, Moschus* SORTENCODE *'Ausfire'*

Eine große, auffällige Rose für den hinteren Bereich einer Rabatte oder naturnahen Pflanzung. Die ungefüllten, kräftig korallenrosa Blüten tragen ein großes Bündel Staubblätter mit roten Staubfäden. Man könnte meinen, dass sie sich durch diese Farbe etwas schwierig kombinieren lässt, doch ist sie nicht zu knallig, sodass man durchaus passende Begleiter findet. Auf die Blüten folgen orangefarbene Hagebutten, die den ganzen Winter hindurch am Strauch bleiben.

Rosa x *richardii*

HÖHE *1 m* BREITE *1,2 m*
BLÜTE *Ungefüllt* KLASSE *Arthybride*
DUFT *Leicht, Moschus*

Die Ursprünge dieser Rose, die auch als *R. sancta* bezeichnet wird, liegen völlig im Dunkeln. Triebe mit genauso aussehenden Blüten wurden schon in ägyptischen Gräbern aus der Zeit um 200 n.Chr. entdeckt, doch zweifelsfrei belegt ist die Kultur der Hybride erst seit 1890. Aber ganz gleich, woher sie stammt, sie kann sich mit ihren großen, ungefüllten, wildrosenartigen Blüten, die zunächst zartrosa sind und später sehr hellrosa werden, mehr als sehen lassen. Ihre leicht zerknitterten Kronblätter ähneln denen einer Zistrose (*Cistus*). Sie ist womöglich eine Kreuzung aus *R. gallica* und *R. arvensis*, wobei Erstere die großen Blüten und Letztere den elegant überhängenden Wuchs beigesteuert haben könnte. Leider bildet sie kaum Hagebutten, dafür sind ihre Blüten für Insekten interessant. Sie ist robust und wächst sogar an heiklen Standorten gut.

Polyantha Grandiflora

HÖHE *7 m* BREITE *5 m*
BLÜTE *Einmalblühend* KLASSE *Rambler-Rose*
DUFT *Kräftig, Moschus*

Sie ist eine der bienenfreundlichsten Rosen: Sobald sie blüht, hört man das Summen der unzähligen Besucherinnen schon von Weitem. Die einzelnen Blüten sind etwas größer als die der meisten Wildrosen und weiß mit leichter Cremetönung. Ihren intensiven Moschusduft nimmt man oft schon wahr, bevor man die Rose selbst sieht. Von Nahem dagegen riecht sie eher nach Gewürznelken. Sie lässt Unmengen kleiner roter Hagebutten heranreifen, die den ganzen Winter über aushalten, sofern sie nicht von Vögeln gefressen werden. Auch die glänzenden Blätter mit roter Mittelrippe sind hübsch anzusehen. Gut aufgehoben ist sie als Kletterpflanze an einem Baum oder einem anderen Platz, wo sie sich ungehindert ausbreiten kann. Sie eignet sich auch ausgezeichnet für Sträuße, ob im Sommer mit Blüten oder im Winter mit Hagebutten.

Topolina

HÖHE *45 cm* BREITE *60 cm*
BLÜTE *Öfterblühend* KLASSE *Moderne Strauchrose*
DUFT *Schwach* SORTENCODE *'Korpifleu'*

Das große Bündel aus Staubblättern in der Blütenmitte ist ein außerordentlich beliebtes Anflugziel für Bienen und andere Insekten. 'Topolina' blüht mit großem Eifer. Ihre ungefüllten Blüten sind kräftig rosa und haben ein weichgelbes Auge. Sie ist eine preisgekrönte, äußerst gesunde Sorte und eine gute Besetzung für Wegränder, bewährt sich aber auch als Bodendecker.

'Morning Mist'

'Polyantha Grandiflora'

Rosa × richardii

'Topolina'

»Nektar haben Rosen nicht viel zu bieten, ihr Pollen aber ist sehr gehaltvoll und eine wertvolle Nahrung für Bienen, Schwebfliegen, Käfer und andere Insekten.«

Bee's Paradise White

HÖHE *60 cm* BREITE *45 cm* BLÜTE *Öfterblühend*
KLASSE *Moderne Strauchrose* DUFT *Nicht vorhanden*

'Bee's Paradise White', auch als 'Bienenweide Weiß' im Umlauf, öffnet in großer Zahl weiße, halbgefüllte Blüten, die auf Bienen eine unwiderstehliche Anziehungskraft ausüben. Die Sorte bildet einen lockeren, zugleich aber stämmigen und gegen Krankheiten widerstandsfähigen Strauch, der einen Platz am Vorderrand einer Rabatte, in einem Hochbeet oder in einem Pflanzgefäß verdient und sich gut mit pastellfarbenen Pflanzen kombinieren lässt.

'Bee's Paradise White'

'Fortuna' (im Vordergrund mit *Hosta* 'Cripula')

Fortuna

HÖHE *60 cm* BREITE *45 cm*
BLÜTE *Öfterblühend* KLASSE *Moderne Strauchrose*
DUFT *Schwach* SORTENCODE *'Koratomi'*

Eine hübsche Sorte, die massenweise Blüten trägt und unter Bestäubern einen ausgezeichneten Ruf genießt. Ihre Blüten sind zunächst lachsrosa, später hellrosa und bieten damit einen angenehmen Farbenmix. Zudem wächst sie relativ buschig und aufrecht und lässt sich gut mit anderen Pflanzen kombinieren, vor allem solchen mit blauen, lila oder violetten Blüten. Und: Sie strotzt vor Gesundheit.

The Lady's Blush

HÖHE *1,2 m* BREITE *1 m*
BLÜTE *Öfterblühend* KLASSE *Englische Rose*
DUFT *Schwach* SORTENCODE *'Ausoscar'*

Der mittelgroße Strauch geizt nicht mit halbgefüllten Blüten und ist eine vorzügliche Bienenweide. Seine zartrosa Blüten haben ein weißes Auge mit einem roten Ring in der Mitte, aus dem die Staubblätter herausragen. Werden welke Blüten nicht entfernt, darf man mit Hagebutten rechnen. Eine zähe, verlässliche Rose für die Rabattenmitte oder einen naturnahen Bereich.

'The Lady's Blush'

Rosen für naturnahe Flächen

Wildrosen und ihre Verwandten sind die Idealbesetzung für wildere Winkel im Garten. Besonders gut fügen sie sich in Wiesen und Präriegärten ein. Sie gefallen mit ihren Blüten und Hagebutten, mitunter auch mit schönem Herbstlaub. Einige sind kompakt, andere klettern gern. Karge Böden vertragen die meisten.

Rosa hugonis

Rosa hugonis

HÖHE *2,5 m* BREITE *2 m* BLÜTE *Einmalblühend*
KLASSE *Wildrose* DUFT *Schwach*

Die vielleicht schönste aller gelben oder überhaupt aller Wildrosen. Ihre zart primelgelben Blüten locken Bienen mit einem Bündel goldgelber Staubblätter und tragen winziges, fast farnartiges Laub. *Rosa hugonis* braucht ein paar Jahre, bis sie gut eingewachsen ist, und sollte bis dahin nicht geschnitten werden. Man lässt ihr daher so viel Raum, wie sie braucht, um ihr volles Potenzial zu entfalten.

Rosa canina

HÖHE *3 m* BREITE *2,5 m* BLÜTE *Einmalblühend*
KLASSE *Wildrose* DUFT *Schwach*

Die bekannte Hunds-Rose kommt auf den Britischen Inseln und einem Großteil Kontinentaleuropas vor. Mit ihren schlichten fünfzähligen Blüten ist sie auf ganz eigene Weise wunderschön. Für gewöhnlich trägt sie zartes Rosarot, doch changiert die Farbe zwischen Dunkelrosa und fast Weiß. Die wüchsige Art klettert locker bis weit in Baumkronen hinein, weshalb man sich gut überlegen sollte, wohin man sie pflanzt. Selbst wenn man sie in eine Hecke integriert und regelmäßig schneidet, lässt sie sich nicht davon abhalten, reich zu blühen. Auf die Blüten folgen lange, eiförmige, zinnoberrote Hagebutten. Es gibt ein paar Hybriden von *Rosa canina*, allen voran *R.* × *hibernica*, die mit einem schmucken Dekor aus äußerst lange haltenden dunkelroten Hagebutten glänzt.

Rosa canina

Complicata

HÖHE *1,5 m, kletternd bis 3 m*
BREITE *2 m* BLÜTE *Einmalblühend*
KLASSE *Wildrosen-Hybride* DUFT *Schwach*

Bei ihr handelt es sich nicht um eine echte Wildrose, sondern um eine Hybride aus *Rosa gallica* und *R. canina*. Sie öffnet große, 13 cm breite rosarote Blüten mit weißer Mitte und einem dicken Bündel aus Staubblättern. Der wüchsige Strauch mit lockerem Habitus blüht sehr willig und setzt große rote Hagebutten an. Er gibt auch eine ansehnliche Kletterpflanze ab. Eine besonders gute Figur macht er in hohem Gras inmitten von Magerwiesen-Margeriten.

Rosa virginiana

HÖHE *1,5 m* BREITE *1,2 m* BLÜTE *Einmalblühend*
KLASSE *Wildrose* DUFT *Schwach*

Im Gegensatz zu vielen anderen Wildrosen wird *Rosa virginiana* nicht allzu hoch und fügt sich gut in mittelgroße Gärten ein. Ihre kirschrosa Blüten öffnen sich erst ab dem Hochsommer, also relativ spät, doch dann erscheinen sie gut und gern sechs Wochen lang. Im Oktober machen die glänzenden runden Hagebutten mit leuchtendem Rot auf sich aufmerksam und bleiben bis zum Frühjahr am Strauch. Sehen lassen können sich aber auch die Blätter, denn sie beginnen im Frühjahr recht farbkräftig und verabschieden sich im Herbst mit einem glorreichen, mehrfarbigen Saisonabschluss-Feuerwerk. Die Triebe sind im Winter rotbraun und tragen wenig Stacheln. *Rosa virginiana* ist äußerst zäh und gedeiht sogar im Schatten sowie in magerem Boden.

Rosa spinosissima 'Single Cherry'

HÖHE *1,2 m* BREITE *1 m*
BLÜTE *Einmalblühend* KLASSE *Bibernell-Hybride*
DUFT *Stark, Alte Rose*

Mit ihren oberseits lebhaft kirschroten und unterseits silbrig rosaroten Kronblättern ist diese Rose unverkennbar. Sehr gut stehen ihr die satt goldgelben Staubblätter, die vor dem dunklen Hintergrund förmlich leuchten. Blüht sie nicht, erkennt man an den kleinen dunkelgrünen Blättern und stacheligen Trieben deutlich, dass es sich um eine Bibernell-Hybride handelt. Sie wächst wie alle Angehörigen dieser Gruppe gut, sogar in kargen, sandigen Böden, und bildet außerdem eifrig Ausläufer.

Rosa nutkana

HÖHE *2 m* BREITE *1,2 m* BLÜTE *Einmalblühend*
KLASSE *Wildrose* DUFT *Schwach*

Die meisten Wildrosen wachsen mit der Zeit zu sehr großen Sträuchern heran, doch *Rosa nutkana* bleibt kleiner und lässt sich daher leichter in Pflanzungen integrieren. Die lilarosa, in der Mitte etwas dunkleren Blüten dienen den goldgelben Staubblättern als dekorative Kulisse, vor der sie ihren großen Auftritt haben. Fast ewig halten die rundlichen, orangeroten Hagebutten. Eine unkomplizierte Rose, die keine Probleme bereitet.

'Complicata'

Rosa spinosissima 'Single Cherry'

Rosa virginiana

Rosa nutkana

Rosa xanthina 'Canary Bird'

Rosa palustris

Rosa palustris

HÖHE *1,2 m* BREITE *1,2 m* BLÜTE *Einmalblühend*
KLASSE *Wildrose* DUFT *Schwach bis mittel*

In ihrer nordamerikanischen Heimat nennt man *R. palustris* auch »Sumpfrose«, obwohl sie genauso gut, wenn nicht sogar besser, in mageren, sandigen Böden wächst. Ihre mittelrosa Blüten öffnet sie relativ spät, dafür aber bis in den Spätsommer hinein. Sie sind größer als die der meisten Wildrosen, vor allem der nordamerikanischen. Sie bildet zwar Hagebutten, doch sind sie eher klein und haben auch kaum Zierwert. Dennoch ist sie die perfekte Rose für naturnahe Pflanzungen, wo sie zahlreiche Schösslinge bildet.

Rosa xanthina 'Canary Bird'

HÖHE *2,5 m* BREITE *2,2 m* BLÜTE *Einmalblühend*
KLASSE *Wildrose* DUFT *Schwach*

Wie der Sortenname, zu Deutsch »Kanarienvogel«, schon verrät, sind ihre Blüten (Bienen lieben sie) knallgelb. Die Rose bildet sie an langen, übergebogenen Trieben und setzt damit in der zweiten Frühjahrshälfte unübersehbare Zeichen im Garten. Selbst das Laub mit seinen kleinen, fast farnartigen Blättchen sieht hübsch aus. Mit runden, kastanienbraunen Hagebutten lässt *R. xanthina* die Saison ausklingen. Die Sorte kann vom Triebsterben betroffen sein, allerdings ist die Gefahr in gut durchlässigen Böden oder trockeneren Klimazonen geringer. Pflanzt man sie besonders tief, regt sie das zu besserer Wurzelbildung an, was das Risiko ebenfalls verringert.

Rosa sweginzowii

Rosa sweginzowii

HÖHE *3 m* BREITE *3 m* BLÜTE *Einmalblühend*
KLASSE *Wildrose* DUFT *Schwach*

Rosa sweginzowii wächst zu einem großen, sehr stachelbewehrten Strauch heran, der im Sommer nicht mit Flor geizt. Die Blüten sind mittelrosa, lediglich die Mitte ist als schmaler Ring unter den Staubblättern weiß. Abgelöst werden die Blüten von langen, glänzend orangeroten Hagebutten, an denen die langen Kelchblätter haften bleiben. Sie tragen aromatisch duftende Haare, die beim Zerreiben so harzig riechen wie Moosrosen. Bienen schätzen diese Art.

Rosa primula

Rosa primula

HÖHE *2 m* BREITE *2,5 m*
BLÜTE *Einmalblühend* KLASSE *Wildrose*
DUFT *Schwach duftende Blüten, aber intensiv riechendes Laub*

Eine der wenigen Rosen, deren Blätter einen unverkennbaren Geruch haben: An feuchten Abenden oder beim Zerreiben duften sie intensiv nach Weihrauch. Mit bis zu 15 schmalen Blättchen pro Blatt tragen sie viel zum guten Aussehen der Rose bei. *Rosa primula* öffnet früh im Jahr hell primelgelbe Blüten. Aus ihnen reifen runde rote Hagebutten, die jedoch keinen Zierwert haben. Wie alle Wildrosen sollte man *R. primula* ungehindert wachsen lassen.

'Boscobel'

Duftrosen

Der Zauber und Charakter vieler Rosen wird wesentlich von ihrem Duft geprägt. Er setzt sich aus überraschend vielen Aromen zusammen: Man entdeckt darin nicht nur den Wohlgeruch der klassischen Alten Rose, sondern auch allerlei fruchtige und würzige Noten. Obwohl viele Rosen duften, gibt es doch einige Sorten, die dabei besonders hervorstechen. Pflanzen Sie die hier beschriebenen Sorten am besten direkt neben Ihren Lieblingsplatz im Garten, damit Sie ihren reichen Duftfundus genießen können, wenn Sie entspannen.

Eustacia Vye

HÖHE *1,2 m* BREITE *1 m* BLÜTE *Öfterblühend*
KLASSE *Englische Rose* DUFT *Kräftig, fruchtig*
SORTENCODE *'Ausegdon'*

Eine ausgezeichnete Sorte mit schönen Blüten, die zusätzlich mit intensivem, herrlich fruchtigem Duft begeistern. Die Blüten sind zunächst becherförmig, öffnen sich aber allmählich und geben viele, leicht gerüschte Kronblätter frei. Sie leuchten verhalten apricotrosa, werden mit der Zeit aber heller und stehen an relativ aufrechten Stielen. Eine hervorragende Wahl für formale Beete, gemischte Rabatten, Hecken und sogar leicht schattige Plätze.

'Eustacia Vye'

Boscobel

HÖHE *1 m* BREITE *1 m* BLÜTE *Öfterblühend* KLASSE *Englische Rose* DUFT *Kräftig, Myrrhe* SORTENCODE *'Auscousin'*

Sie gehört zu den Englischen Rosen mit dem intensivsten, charaktervollsten Duft überhaupt, in dem neben einer Obernote aus Myrrhe noch Anklänge an Weißdorn, Holunder, Birne und Mandel mitschwingen. Die becherförmigen Blüten setzen sich aus zahlreichen Kronblättern zusammen, die farblich zwischen Rosa und Apricot angesiedelt sind. Der gesunde Strauch wächst relativ aufrecht und trägt nach oben zeigende Blüten. Er ist wie gemacht für gemischte Rabatten.

Paul's Himalayan Musk

HÖHE *12 m* BREITE *5 m* BLÜTE *Einmalblühend* KLASSE *Rambler-Rose* DUFT *Kräftig, Moschus*

Sie gehört zwar nicht zu den allerwüchsigsten Rosen ihrer Klasse, doch mit ihrem intensiven Moschusduft kann es keine aufnehmen. Man riecht ihn schon aus gehöriger Entfernung – ausgesendet wird er von der riesigen Zahl kleiner, halbgefüllter, zartrosa Blüten. Da die Sorte so groß wird, sollte man sie in einen stattlichen Baum hineinwachsen lassen, sonst lässt sie sich kaum mehr im Zaum halten. Es dauert eventuell ein paar Jahre, bis sie eine ordentliche Show abliefert, doch lohnt sich das Warten. Sofern man Platz für sie hat.

'Paul's Himalayan Musk'

Buttercup

HÖHE *1,5 m* BREITE *1,2 m* BLÜTE *Öfterblühend* KLASSE *Englische Rose* DUFT *Kräftig* SORTENCODE *'Ausband'*

Beim britischen Rosenzuchtbetrieb David Austin Roses war für die Beschreibung der Rosendüfte viele Jahre lang Robert Calkin zuständig. Er brachte es dabei zu großer Meisterschaft und konnte jeden Bestandteil benennen. Die einzige Ausnahme war 'Buttercup' – für sie fand er nur den Ausdruck »intensiv und ansprechend«. Der Duft der Sorte erinnert an Orangenblüten, manchmal mit etwas Kakaopulver! Ihre halbgefüllten, goldgelben Blüten stehen in großen, lockeren Büscheln. Der Strauch kann recht hoch werden und steht am besten im hinteren Bereich gemischter Rabatten, sollte aber immer zugänglich bleiben – aus nachvollziehbarem Grund.

'Buttercup'

Rose de Rescht

HÖHE *1 m* BREITE *75 cm*
BLÜTE *Öfterblühend*
KLASSE *Portland-Rose*
DUFT *Kräftig, Alte Rose*

Eine exzellente Portland-Rose, auch unter dem Alias 'De Resht' bekannt. Sie wächst niedriger und ausgewogener als 'Jacques Cartier', hat aber den gleichen intensiven, feinen Duft nach Alter Rose wie sie. Die Farbe der schön strukturierten, mittelgroßen Blüten lässt sich nur schwer beschreiben, umso mehr, als sie wetterabhängig variiert. Helles Karminrot oder kräftiges Magenta kommt dem Ton noch am nächsten. Eine robuste, gesunde Rose mit frischgrünem Laub. Sie sieht gut aus im Schulterschluss mit Stauden oder als niedrige Hecke.

Jacques Cartier

HÖHE *1,2 m* BREITE *1 m*
BLÜTE *Öfterblühend*
KLASSE *Portland-Rose*
DUFT *Kräftig, Alte Rose*

Die Sorte läuft auch unter der Bezeichnung 'Marchesa Boccella' und ist die vielleicht beste Portland überhaupt. In ihrem intensiven Duft bricht sich das reinste Alte-Rosen-Aroma Bahn und auch die Blüten mit ihren zahlreichen, schön um ein zentrales Auge herum arrangierten Kronblättern sind durch und durch Alte Rose. Der Strauch wächst aufrecht und wird daher am besten im Verbund mit anderen Gewächsen kultiviert. Er kommt mit erstaunlich viel Schatten zurecht. Ein ausgezeichneter Allrounder.

Graham Thomas

HÖHE *1,2 m, kletternd auch 3 m*
BREITE *1,2 m* BLÜTE *Öfterblühend*
KLASSE *Englische Rose*
DUFT *Mittel bis kräftig, Tee*
SORTENCODE *'Ausmas'*

Eine Teenote lässt sich mitunter schwer erkennen, aber bei 'Graham Thomas' ist sie unverkennbar – und auch noch besonders angenehm, außerdem mit einer betörenden Veilchennuance abgerundet. Die Sorte lässt sich als leidlich hoher Strauch oder – an einem warmen Standort – als willige Kletterpflanze (S. 193) kultivieren. Ihre becherförmigen Blüten erobern die Herzen mit einem satten Gelb.

Munstead Wood

HÖHE *1,2 m* BREITE *1 m*
BLÜTE *Öfterblühend*
KLASSE *Englische Rose*
DUFT *Fruchtig, Alte Rose*
SORTENCODE *'Ausbernard'*

Eine farbkräftige Rose mit einem vielfältigen Duft, der sich als perfekte Mischung aus Alter Rose und Frucht, allen voran Brombeere, Heidelbeere und Zwetschge, beschreiben lässt. Die großen, dicht gefüllten Blüten begeistern mit einem samtigen dunklen Karminrot, das auf der Unterseite der Kronblätter etwas heller ist. Die Sorte ist ein echter Blickfang in einer Rabatte, besonders neben blauen Blumen. Für etwas zusätzliche Pflege und Aufmerksamkeit ist sie dankbar. Aber Vorsicht: Sie ist ein regelrechtes Stachelmonster!

Sophie's Perpetual

HÖHE *1,5 m*
BREITE *1,2 m*
BLÜTE *Öfterblühend*
KLASSE *China* DUFT *Kräftig*

Sie sei eine Rose, deren Duft dem eines echten Parfüms am nächsten komme, schrieb Robert Calkin über sie. Tatsächlich ist ihr Duft von unglaublicher Anmut. Die mittelgroßen Blüten stellen ein zartes Rosa zur Schau, das mit der Zeit dunkler wird und in ein helles Karminrot übergeht. Für eine China-Rose ist das normal, für die meisten anderen Rosen jedoch höchst ungewöhnlich. Es dauert seine Zeit, bis 'Sophie's Perpetual' zu einem ordentlichen Strauch heranwächst, weshalb man sie nur leicht schneiden sollte. Ein hübsche Rose abseits der Norm.

Céline Forestier

HÖHE *2 m, als Kletterpflanze bis 4 m*
BREITE *2 m* BLÜTE *Öfterblühend*
KLASSE *Noisette-Rose*
DUFT *Kräftig, Tee*

Eine Rose mit großem Liebreiz, die sich am besten für warme Klimazonen eignet. An einem milden Standort vor einer geschützten Mauer kann man es aber auch bei uns durchaus mit ihr probieren. Ihr hochfeiner, reicher, reiner Teeduft lässt einen unweigerlich innehalten. Aus dunkelrosa Knospen öffnet sie zartgelbe, nach außen hin cremeweiße Blüten. Ihre Blütenblätter sind von seidiger Textur. 'Céline Forestier' lässt sich wahlweise als großer Strauch oder als Kletterpflanze ziehen. Als Strauch setzt sie besonders viele Blüten an.

'Ispahan'

Ispahan

HÖHE *1,5 m* BREITE *1,2 m* BLÜTE *Einmalblühend*
KLASSE *Damaszener-Rose* DUFT *Kräftig, Alte Rose*

'Ispahan' ist eine der besten Alten Rosen überhaupt. Sie besticht durch zauberhafte Blüten und einen intensiven, unwiderstehlichen Duft nach Alten Rosen. Ihre reinrosa Blüten öffnen sich zu perfekt geformten Rosetten. Sie blüht von allen Damaszener-Rosen als Erste und hält in der Saison auch am längsten durch. Weiterer Vorteil: Sie ist halbimmergrün.

Constance Spry

HÖHE *2 m, als Kletterpflanze 3 m* BREITE *2 m*
BLÜTE *Einmalblühend* KLASSE *Englische Rose*
DUFT *Kräftig, Myrrhe* SORTENCODE *'Ausfirst'*

'Constance Spry' war David Austins allererste Rose; er brachte sie 1961 heraus. Ihre großen, rosaroten Blüten umgarnen mit einem äußerst intensiven Myrrheduft, wie er bis dato praktisch unbekannt war. Man kann die Sorte als großen Strauch ziehen, wesentlich besser zur Geltung kommt sie aber als Kletterpflanze, als die sie zu einer beeindruckenden, wunderschönen Rose heranwächst.

Gertrude Jekyll

HÖHE *1,5 m, als Kletterpflanze 3 m* BREITE *1 m*
BLÜTE *Öfterblühend* KLASSE *Englische Rose*
DUFT *Kräftig, Alte Rose* SORTENCODE *'Ausbord'*

'Gertrude Jekyll' gehört zu den Rosen mit dem allerbesten Duft, der ein intensives Aromagebilde mit klassischen Alte-Rose-Noten heraufbeschwört. Ihre hübschen, recht großen und reinrosa Blüten setzen sich aus Kronblättern in Rosettenform zusammen. Der mittelgroße Strauch ist ein guter Teamplayer und eine ausgezeichnete Kletterpflanze (S. 172).

'Constance Spry'

'Gertrude Jekyll'

Hansa

HÖHE *2 m* BREITE *1,5 m* BLÜTE *Öfterblühend*
KLASSE *Kartoffel-Rose* DUFT *Kräftig, Alte Rose*

Kartoffel-Rosen sind für ihre außerordentliche Robustheit und Winterhärte bekannt. Außerdem tragen sie große Hagebutten und duftende Blüten. Gerade 'Hansa' punktet in allen diesen Disziplinen. Auf ihre gefüllten, kräftig magentarosa Blüten mit dem intensiven Duft nach Alten Rosen folgen große rote Hagebutten. Der große, stachelige Strauch ist in einer Hecke und einer gemischten Rabatte gleichermaßen gut aufgehoben.

'Hansa'

'Lady Emma Hamilton'

Lady Emma Hamilton

HÖHE *1 m* BREITE *1 m*
BLÜTE *Öfterblühend* KLASSE *Englische Rose*
DUFT *Intensiv, fruchtig* SORTENCODE *'Ausbrother'*

Ihr himmlischer Duft zaubert ein Lächeln auf jedes Gesicht! Er setzt sich aus reichen Fruchtnoten zusammen: Zitrusaromen mit starken Einflüssen von Birne und Traube, gelegentlich zudem ein Hauch von Guave und Litschi. Geschätzt wird die Lady außerdem für das ausgeprägte dunkle Bronzerot ihres Laubs, vor allem im Austrieb und bei jungen Blättern. Ihre becherförmigen Blüten beeindrucken mit einem satten Mandarinenorange an der Innenseite der Kronblätter und einem Orangegelb außen. Um gut zu wachsen und zu blühen, braucht die Diva gelegentlich etwas zusätzliche Pflege und Aufmerksamkeit.

Königin von Dänemark

HÖHE *1,5 m* BREITE *1 m* BLÜTE *Einmalblühend*
KLASSE *Alba-Rose* DUFT *Intensiv, Alte Rose*

Eine der schönsten Alten Rosen. Das reine Zartrosa ihrer Blüten wird zur dicht bepackten Mitte mit zentralem Knopf intensiver. Einen schönen Kontrast dazu bildet das graugrüne Laub. Besonders einnehmend: ihr klassischer Altrosenduft. Sie wächst bei einem Winterschnitt relativ aufrecht, ansonsten ausladender und überhängender. Eine robuste, verlässliche Rose.

'Königin von Dänemark'

Rambling Rector

HÖHE *8 m* BREITE *5 m*
BLÜTE *Einmalblühend* KLASSE *Rambler-Rose*
DUFT *Kräftig, Moschus*

Sie gehört zu den bekanntesten Rambler-Rosen, zum Teil wegen ihres wohlklingenden Namens, aber auch weil sie eine sehr gute Rose ist. Während der Blüte sieht man das Laub wegen der Unmengen halbgefüllter weißer Blüten kaum. Die geballte Duftladung Tausender Blüten kann man noch in einiger Entfernung wahrnehmen. Den Blüten auf dem Fuße folgen zahlreiche kleine orangefarbene Hagebutten. 'Rambling Rector' ist eine äußerst wüchsige Rose, deren Standort man mit Bedacht aussuchen sollte. Man lässt sie am besten an einem großen Baum hochwachsen (S. 200). Ihr ähnelt die ebenso große 'Seagull', weshalb man die beiden oft verwechselt.

Quatre Saisons

HÖHE *2 m* BREITE *1,5 m* BLÜTE *Öfterblühend*
KLASSE *Damaszener-Rose* DUFT *Kräftig, Alte Rose*

'Quatre Saisons' ist auch als »Rose der vier Jahreszeiten«, »Herbst-Damaszener-Rose« und *R.* × *damascena* var. *bifera* bzw. *semperflorens* bekannt. Wie der Name schon andeutet, remontiert sie, was bei einer so alten Rose – sie entstand um 1660 – äußerst selten ist. Ihre rosaroten Blüten sind locker gefüllt. Robert Calkin, Experte für Rosenduft, meinte einmal, wenn die Sonne duften würde, dann wie diese Rose. Sie hat nicht den aufgeräumtesten und schönsten Wuchs, aber wenn man sie mit Stauden umgibt, kann man ihre Schwächen gut kaschieren.

The Ancient Mariner

HÖHE *1,2 m* BREITE *1,2 m*
BLÜTE *Öfterblühend* KLASSE *Englische Rose*
DUFT *Mittel bis kräftig, Myrrhe*
SORTENCODE *'Ausoutcry'*

'The Ancient Mariner' ist die wahrscheinlich beste Englische Rose mit Myrrhenduft. Ihre Blüten sind echte Vertreterinnen des klassischen Alte-Rosen-Stils. Sie bestehen aus rund 160 Kronblättern, die schön innerhalb der becherförmigen äußersten Blütenblätter arrangiert sind. Farblich setzen sie auf reinstes Rosarot, das zum Rand hin etwas heller wird. Der gesunde, buschige, recht aufrechte Strauch benimmt sich gesittet und blüht reichlich und regelmäßig vom Anfang bis zum Ende der Saison.

Madame Legras de Saint Germain

HÖHE *2 m, als Kletterpflanze auch 2,5 m*
BREITE *1,5 m* BLÜTE *Einmalblühend*
KLASSE *Alba-Rose* DUFT *Kräftig, Alte Rose*

Eine geheimnisumwitterte Rose. Ihre Eltern sind unbekannt und man weiß auch nicht so recht, welcher Klasse man sie zuordnen soll. Nichtsdestotrotz ist sie eine Bereicherung für Gärten, vor allem, weil gute Rosen mit weißem Flor rar sind. Um das Auge der gefüllten Blüten herum scharen sich zahlreiche Kronblätter in spiraliger Anordnung. Madame kann als relativ lockerer, offener Strauch oder – besser noch – als Kletterpflanze kultiviert werden und ist außerdem stachellos.

'Rambling Rector'

'The Ancient Mariner'

'Quatre Saisons'

'Madame Legras de Saint Germain'

Schnittrosen

Zu den großen Freuden von Rosenbesitzern gehört es, in den Garten zu gehen und Rosen für die Vase zu schneiden. Gartenrosen halten vielleicht nicht so lange wie die edlen Schönheiten vom Floristen, doch haben sie wesentlich mehr Charakter und Duftpersönlichkeit. Die Auswahl an schnitttauglichen Rosen ist groß und reicht von Wildrosen bis hin zu Teehybriden. Und: Sie brillieren in nahezu jedem Gesteck.

'Queen of Sweden'

Queen of Sweden

HÖHE *1,2 m* BREITE *1 m* BLÜTE *Öfterblühend*
KLASSE *Englische Rose* DUFT *Mittel, Myrrhe*
SORTENCODE *'Austiger'*

Englische Rosen sind im Allgemeinen für ihren buschigen, manchmal lockeren Wuchs bekannt und machen daher eine gute Figur in nicht allzu formalen Blumensträußen. Wer allerdings eine Sorte mit steiferen, geraderen Stielen sucht, ist mit 'Queen of Sweden' am besten bedient. Ihre Kronblätter sind dicht an dicht in Form einer regelmäßigen Rosette angeordnet und anfangs zart pfirsichfarben, werden aber allmählich hellrosa. Sie haben einen recht variablen Duft, der im besten Fall in die Myrrhe-Richtung geht. Damit der schmale, aufrechte Strauch im Garten Zeichen setzt, pflanzt man ihn am besten als kleine Gruppe. Gut eignet er sich außerdem als Bestandteil von Hecken (S. 164).

Rosa glauca

Rosa glauca

HÖHE *2 m* BREITE *1,5 m* BLÜTE *Einmalblühend*
KLASSE *Wildrose* DUFT *Schwach bis nicht vorhanden*

Selbst wenn die Blüten von *Rosa glauca* hübsch anzusehen und in Sträußen und Gestecken keineswegs fehl am Platz sind, schätzen Floristen an dieser Rose vor allem den frischen Austrieb mit dem pflaumenvioletten bis schiefergrauen Laub. Auch die ansprechend violetten Triebe mit weißer Bereifung haben einen hohen Zierwert. Soll die Rose vor allem Triebe liefern, muss sie jeden Winter zumindest teilweise hart zurückgeschnitten werden. Freuen darf man sich auch über einen exzellenten Herbstschmuck aus roten Hagebutten.

'Roald Dahl'

Roald Dahl

HÖHE *1 m* BREITE *1 m* BLÜTE *Öfterblühend* KLASSE *Englische Rose* DUFT *Mittel, Tee* SORTENCODE *'Ausowlish'*

Eine reizende Rose für lockere, entspannte Sträuße und Gestecke. Im Gegensatz zu den orangeroten Knospen sind die offenen Blüten reinstes Apricot. Sie bleiben mittelgroß, haben nicht zu viele Kronblätter und sind deshalb nicht allzu schwer, was das Arrangieren erleichtert. Ob in der Vase oder im Garten, sie passen gut zu Flieder und Lavendel. 'Roald Dahl' duftet angenehm nach Tee und ist sehr gesund.

Chandos Beauty

HÖHE *1,2 m* BREITE *1 m*
BLÜTE *Öfterblühend*
KLASSE *Teehybride* DUFT *Kräftig, süß* SORTENCODE *'Harmisty'*

Wer eine klassische Teehybride für Sträuße und Gestecke sucht, ist mit 'Chandos Beauty' bestens bedient. Ihre Blüten haben eine hohe, spitze Mitte und verströmen einen intensiven, einnehmenden Duft. Hübsch ist auch die ganz eigene Farbmischung aus Bernsteingold und Cremeweiß mit einem Hauch von Rosa. Der kräftige, robuste Strauch trägt dunkle, gesunde Blätter. Er eignet sich für formale Beete wie für gemischte Rabatten.

Lynda Bellingham

HÖHE *75 cm* BREITE *75 cm*
BLÜTE *Öfterblühend* KLASSE *Teehybride* DUFT *Kräftig, würzig*
SORTENCODE *'Harwise'*

Sobald sich die Knospen entfalten, wird aus ihrem zarten Rosa ein Pfirsichrosa. Da jede Blüte aus etwa 50 Kronblättern besteht, wirkt die Farbe in der dicht gedrängten Mitte etwas kräftiger. Der Busch bleibt relativ niedrig, ist aber kräftig und gesund. Deshalb – und auch wegen des intensiven Dufts – empfiehlt sich die Sorte für Rabattenränder und Töpfe. Die Blüten halten lange, ob am Busch oder in Arrangements.

»Rosen haben viele Gesichter: Die Knospe ist oft ganz anders gefärbt als die offene Blüte, die mitunter erneut die Farbe wechselt, wenn sie welkt.«

Pride of England

HÖHE *1 m*
BREITE *60 cm*
BLÜTE *Öfterblühend*
KLASSE *Teehybride* DUFT *Mittel*
SORTENCODE *'Harencore'*

Eine klassische rote Teehybride, die ihre duftenden Blüten stolz an steifen Stängeln trägt. Sie sind mit einem Durchmesser von 12 cm sehr groß. Dank ihrer dunkelroten Farbe eignen sie sich hervorragend für formalere Arrangements oder als Geschenk für die Liebste. Der wüchsige Busch sorgt dafür, dass Abgeschnittenes schnell ersetzt wird. Bei kalten Winterwinden ist gegebenenfalls etwas Schutz nötig.

Athena

HÖHE *1 m*
BREITE *60 cm*
BLÜTE *Öfterblühend*
KLASSE *Teehybride* DUFT *Mittel*
SORTENCODE *'Korcripoco'*

Eine großblütige, duftende Rose, die sich für formalere Arrangements anbietet. Die Blüten zeigen sich zunächst in cremeweißem Gewand mit rosa Saum. Dieses Rosa breitet sich allmählich über die gesamte Blüte aus, seine Intensität ist jedoch wetterabhängig – was dazu führt, dass keine zwei Blüten die gleiche Farbe haben. Sie halten sowohl im Garten als auch in der Vase lange. 'Athena' ist eine gesunde, sehr winterharte Rose.

Buxom Beauty

HÖHE *75 cm* BREITE *45 cm*
BLÜTE *Öfterblühend*
KLASSE *Teehybride*
DUFT *Kräftig, süß, blumig*
SORTENCODE *'Korbilant'*

Mit einem Blütendurchmesser von bis zu 15 cm ist 'Buxom Beauty' ein wahrer Gigant unter den Rosen. Ihr kraftvoller, bezaubernder, ausgewogener Duft gehört zu den intensivsten der Rosenwelt. Die Blüten in dunklem Rosa haben die klassische Teehybridenform und sind eine echte Bereicherung für Blumensträuße.

VICTORIAN
GARDEN

'James L. Austin'

James L. Austin

HÖHE *1,2 m* BREITE *1 m* BLÜTE *Öfterblühend* KLASSE *Englische Rose* DUFT *Schwach bis mittel, fruchtig* SORTENCODE *'Auspike'*

Die Form der Blüten von 'James L. Austin' erinnert sehr an die der Portland-Rose 'Jacques Cartier': Ihre zahlreichen Kronblätter sind dekorativ um ein Knopfauge in der Mitte angeordnet. Die Farbe hingegen ist mehrere Schattierungen dunkler: ein kräftiges Pink. 'James L. Austin' ist eine gesunde Rose, die recht buschig wächst und in allen Gartenbereichen eine gute Figur macht. Mit ihrem fruchtigen Duft findet sie auch in Arrangements Bewunderer.

Silas Marner

HÖHE *1 m* BREITE *1,4 m* BLÜTE *Öfterblühend* KLASSE *Englische Rose* DUFT *Mittel bis kräftig, Alte Rose* SORTENCODE *'Ausraveloe'*

Die Englische Rose 'Silas Marner' dient sich mit ihren übergebogenen Trieben für zwanglos-natürliche Arrangements mit anderen Blüten an. Auch im Garten ist sie in gemischten Rabatten gut aufgehoben. Die mittelgroßen, becherförmigen Blüten sind zartrosa, am Rand und an der Unterseite der Kronblätter aber etwas heller. Im altrosenartigen Duftgefüge brechen sich fruchtige Noten wie Zitrus, grüne Banane und Aprikose Bahn. Eine sehr gesunde Sorte.

'Silas Marner'

'Lampion'

Dekorative Hagebutten, Blätter & Stacheln

Rosen bestehen nicht nur aus Blüten. Manche tragen duftendes Laub, andere werden wegen ihrer Hagebutten geschätzt, die sich von Rose zu Rose in Größe, Form und Farbe unterscheiden können und oft den ganzen Herbst bis in den Winter hinein am Strauch bleiben. Es gibt sogar eine Sorte mit dekorativen Stacheln.

»Hagebutten gibt es in unterschiedlichsten Formen, Größen und Farben. Für die Tierwelt sind sie äußerst wertvoll.«

'Tottering-by-Gently'

Lampion

HÖHE *2 m* BREITE *2 m* BLÜTE *Einmalblühend*
KLASSE *Wildrose* DUFT *Schwach*
SORTENCODE *'Tan06004'*

Die äußerst ungewöhnliche Rose mit dem wissenschaftlichen Namen *Rosa roxburghii* wird für ihre Blüten ebenso geschätzt wie für ihre Früchte. Ihre Trivialnamen Kastanien-Rose und Igel-Rose verweisen auf die stacheligen Hagebutten. 'Lampion' ist eine attraktive Form und trägt orangegelbe Früchte, die wesentlich länger an der Pflanze bleiben als bei der Wildart. Die großen Blüten sind zartrosa mit weißer Mitte.

Tottering-by-Gently

HÖHE *1,2 m* BREITE *1,2 m* BLÜTE *Öfterblühend*
KLASSE *Englische Rose* DUFT *Schwach bis mittel, Moschus*
SORTENCODE *'Auscartoon'*

Die meisten Rosen, die viele Hagebutten tragen, werden sehr groß, erreichen also mehr als 2 m Höhe. Deshalb lassen sie sich oft nur schwer in kleinere Gärten integrieren. Nicht so 'Tottering-by-Gently'. Die Sorte bleibt überschaubar groß und sieht mit ihren ungefüllten gelben Blüten auch in einer gemischten Rabatte gut aus. Werden welke Blüten nicht abgezwickt, darf man im Frühherbst mit einem starken Behang mit mittelgroßen orangefarbene Hagebutten rechnen, die den ganzen Winter hindurch aushalten. Eine ausgezeichnete, robuste und verlässliche Rose.

Rosa sericea subsp. *omeiensis* fo. *pteracantha*

HÖHE *2,5 m* BREITE *2 m* BLÜTE *Einmalblühend*
KLASSE *Wildrose* DUFT *Schwach bis nicht vorhanden*

Ihren großen Auftritt hat diese auch *R. omeiensis* 'Pteracantha' genannte Rose, wenn im Gegenlicht die Sonne durch ihre Triebe mit den großen, breiten, blutroten Stacheln scheint. Diese Stacheln sind allerdings nur im ersten Jahr rot; wenn man ihre dekorativen Triebe also kontinuierlich genießen möchte, muss man sie jede Saison kräftig zurückschneiden. Die Blüten erscheinen nur an älteren Trieben. Sie sind klein, weiß und tragen lediglich vier Kronblätter. Leider fallen die kleinen, hellroten Hagebutten ab, kaum dass sie reif sind.

Rosa sericea subsp. *omeiensis* fo. *pteracantha*

'William Lobb'

Rosa rubiginosa

HÖHE *2,5 m, oft noch höher* BREITE *2,5 m, oft sogar noch breiter* BLÜTE *Einmalblühend* KLASSE *Wildrose* DUFT *Schwach bis mittel*

Die Wein-Rose (synonym als *R. eglantaria* bezeichnet) ist in weiten Teilen Europas beheimatet. Sie ähnelt der Hunds-Rose, doch sind ihre Blüten dunkler und die Triebe viel stacheliger. Ihre glänzenden, roten, ovalen Hagebutten bleiben bis in den Winter am Strauch. Nach Regen oder beim Zerreiben riechen die frischen Blätter nach grünen Äpfeln. Um diesen Duft genießen zu können, schneidet man die Rose regelmäßig, muss dafür aber auf Blüten und Hagebutten verzichten, sofern man nicht ein paar Triebe stehen lässt. Wein-Rosen brauchen alkalische Böden.

Rosa rubiginosa

William Lobb

HÖHE *2,5 m* BREITE *1,5 m*
BLÜTE *Einmalblühend* KLASSE *Moosrose* DUFT *Kräftig*

'William Lobb' gehört zu den gesündesten Moosrosen. Ihre großen, dunkel karminroten Blüten bekommen mit der Zeit einen lila Ton. Sie duften intensiv und auch das »Moos« begeistert mit seinem harzigen Geruch. Will man die Sorte klettern lassen, darf man sie nicht schneiden – sie wächst dann bis 3–4 m hoch, beispielsweise in einen Baum hinein. Kultiviert man sie als Strauch und schneidet sie als solchen, erreicht sie 1,5–2 m Höhe.

Scarlet Fire

HÖHE *3 m* BREITE *2 m* BLÜTE *Einmalblühend* KLASSE *Moderne Strauchrose* DUFT *Schwach*

'Scarlet Fire', auch 'Scharlachglut' genannt, blüht nur einmal – im Hochsommer. Von einer strahlend schönen Seite aber zeigt sie sich noch ein weiteres Mal: wenn ihre großen, birnenförmigen, orangeroten Hagebutten reifen. Sie wächst zu einem großen Strauch heran und wird deshalb am besten in den Hintergrund einer Rabatte oder in einen naturnahen Bereich gepflanzt. Damit sie länger ansehnlich bleibt, kann man sie mit einer im Frühjahr oder Spätsommer blühenden Clematis kombinieren, die an ihr hochwächst.

'Scarlet Fire'

Rosa rugosa 'Alba'

HÖHE *1,2 m* BREITE *1,2 m* BLÜTE *Öfterblühend*
KLASSE *Wildrose* DUFT *Kräftig, Alte Rose*

Die Früchte sowohl dieser Sorte als auch der rosa *Rosa rugosa* leuchten kräftig rot, glänzen und haben die Größe von Kirschtomaten. Sie erscheinen nach den weit geöffneten, ungefüllten weißen Blüten, die vom Frühsommer bis zum Spätherbst den Strauch zieren – eine Seltenheit bei Wildrosen. *Rosa rugosa* kommt an den Küsten von Nordjapan, Nordkorea, Sibirien und Nordostchina vor und ist daher unglaublich robust und winterhart. In Gärten setzt man sie wegen ihrer stacheligen Triebe gern als undurchdringliche Hecke ein. Sie gedeiht auch in kargen Böden, wo wenig sonst wächst, und behauptet sich ebenso in gemischten Rabatten. Krankheiten kennt sie praktisch nicht.

Rosa rugosa 'Alba'

'The Generous Gardener'

The Generous Gardener

HÖHE *2 m, als Kletterpflanze bis 4 m* BREITE *3 m* BLÜTE *Öfterblühend* KLASSE *Kletternde Englische Rose* DUFT *Kräftig, Alte Rose, Moschus und Myrrhe* SORTENCODE *'Ausdrawn'*

Eine fabelhafte Kletterrose, die viele orangerote, den ganzen Winter am Strauch haftende Hagebutten trägt, wenn man die welken Blüten nicht abzwickt. Lässt man Hagebutten reifen, kann es sein, dass sie zum Saisonende nicht mehr so willig blüht, doch lohnt sich das Opfer. Die großen, locker gefüllten, zartrosa Blüten bleichen mit der Zeit aus. Sie ähneln Seerosen und duften überaus angenehm. 'The Generous Gardener' kann auch als großer, überhängender Strauch kultiviert werden, ist aber als Kletterpflanze besser verwendet. Die jungen Blätter sind bronzerot und sehr gesund.

Rosa spinosissima

Rosa spinosissima

HÖHE *1 m (oft weniger)* BREITE *Unbegrenzt – breitet sich durch Schösslinge aus* BLÜTE *Einmalblühend* KLASSE *Wildrose* DUFT *Mittel bis kräftig*

Die Bibernell-Rose (*Rosa spinosissima* oder *R. pimpinellifolia*) und einige ihrer Hybriden sind die einzigen Rosen mit schwarzen Hagebutten. Ihre Blätter bestehen aus kleinen, dunklen Blättchen, die Blüten sind ungefüllt, cremeweiß und duften verführerisch. Bibernell-Rosen sind unglaublich zäh. Sie bleiben in ihrem angestammten Lebensraum, wo sie sogar auf Sanddünen wachsen, sehr niedrig, werden auf besseren Böden aber höher.

Geranium

HÖHE *2,5 m* BREITE *2,5 m* BLÜTE *Einmalblühend* KLASSE *Wildrose* DUFT *Schwach*

R. moyesii 'Geranium' ist die vielleicht beste »Hagebuttenrose«. Die Früchte halten zwar nicht lange, sind aber unübersehbar und hängen wie leuchtend zinnoberrote Fläschchen an den Trieben. Eine ähnliche Farbe haben die ungefüllten Blüten, die aber noch von gelben Staubblättern akzentuiert werden. Eine große Rose, die dort stehen sollte, wo sie ihr Potenzial ausschöpfen kann.

'Geranium'

Rosen für Hecken

Rosen eignen sich für alle Heckenstile und -größen, von niedrig und formal bis hoch und undurchdringlich. Rosenhecken sind farbenfrohe, duftende Gartenelemente. Zudem dienen sie einer Vielzahl von Tieren als wertvolle Nahrungsquelle und wichtiger Schutzraum.

'The Lark Ascending'

The Lark Ascending

HÖHE *2 m* BREITE *1,5 m* BLÜTE *Öfterblühend* KLASSE *Englische Rose* DUFT *Schwach, Tee und Myrrhe* SORTENCODE *'Ausursula'*

Der lockere Strauch zieht eine sichtbare Gartengrenze, ohne den Blick völlig zu verstellen. Selbst die Blüten sind mit ihren nicht allzu zahlreichen Kronblättern eher filigran aufgebaut und gefallen mit einem weichen Apricot, das mit der Zeit heller wird. Bienen frequentieren diese Sorte mit Vorliebe. Sie ist äußerst gesund und – ungewöhnlich für eine Rose dieser Farbe – absolut winterhart.

Queen of Sweden

HÖHE *1,2 m* BREITE *1 m* BLÜTE *Öfterblühend* KLASSE *Englische Rose* DUFT *Mittel, Myrrhe* SORTENCODE *'Austiger'*

Mit ihrem aufrechten, relativ schlanken Wuchs ist 'Queen of Sweden' die perfekte Rose für einen sauberen Raumteiler innerhalb des Gartens. Die nach oben gerichteten, mittelgroßen Blüten sind mit ihren rosettenförmig angeordneten Kronblättern ebenso ausgewogen wie der ganze Strauch. Zunächst präsentieren sie sich zartrosa, doch mit der Zeit werden sie heller. Der Duft ist nicht allzu ausgeprägt, aber weich und von einer besonders angenehmen Myrrhenote geprägt. Die Sorte remontiert gut und ist sehr gesund.

'Queen of Sweden'

Crème Chantilly

HÖHE *75 cm*
BREITE *1 m*
BLÜTE *Öfterblühend*
KLASSE *Moderne Strauchrose*
DUFT *Nicht vorhanden*
SORTENCODE *'Meiradena'*

Zunächst sind die kleinen, hübschen, becherförmigen Blüten von 'Crème Chantilly' zart cremeweiß. Später nehmen sie ein reines Weiß an, das sich von dem graugrünen Laub sehr schön abhebt. Die Sorte bildet kleine, rundliche Sträucher, die sich gut für niedrige Hecken eignen. Sie ist winterhart, äußerst gesund und hat in Europa schon mehrere Preise abgeräumt.

Goldspatz

HÖHE *1,5 m*
BREITE *1 m*
BLÜTE *Öfterblühend*
KLASSE *Moderne Strauchrose*
DUFT *Keiner oder nur schwach*
SORTENCODE *'Korgellan'*

Eine vor Gesundheit strotzende, winterharte und wetterfeste Rose mit schönen, übergebogenen Trieben. Ihre halbgefüllten Blüten sind zwar recht klein, doch erscheinen sie in großer Menge, was auch Bienen mehr als recht ist. Ihr zartes Gelb verblasst allmählich zu sattem Cremeweiß. Mit ihrem natürlichen Aussehen ist die Sorte 'Goldspatz' eine Bereicherung für Begrenzungshecken, leistet aber auch innerhalb des Gartens gute Dienste. Selbst halbschattige Bedingungen machen ihr nichts aus.

Île de Fleurs

HÖHE *1,2 m*
BREITE *75 cm*
BLÜTE *Öfterblühend*
KLASSE *Floribunda-Rose*
DUFT *Mittel bis kräftig, Moschus*

Eine preisgekrönte Sorte von phänomenaler Gesundheit. Sie wächst zwar buschig, bleibt dabei aber recht aufrecht und bietet sich somit für Hecken an. Ihre purpurvioletten, halbgefüllten Blüten werfen die Kronblätter sauber ab, was in Gruppenpflanzungen von Vorteil ist. Sie verströmen einen relativ intensiven Moschusduft. Auf die Blüten folgt ein erklecklicher Besatz an kleinen Hagebutten. 'Île de Fleurs' bildet in gemischten Rabatten einen prägnanten Blickfang.

Kew Gardens

HÖHE *1,2 m*
BREITE *1,2 m*
BLÜTE *Öfterblühend*
KLASSE *Englische Rose*
DUFT *Schwach bis nicht vorhanden*
SORTENCODE *'Ausfence'*

'Kew Gardens' ist eine erstklassige Heckenrose. Sie öffnet ihre ungefüllten weißen Blüten vom Boden an aufwärts in Massen und remontiert zudem äußerst fleißig. Als ob das noch nicht genug wäre, wächst sie zudem völlig stachellos, was vor allem dann von Vorteil ist, wenn man oft und nahe an ihr vorbeigehen muss. Selbst in gemischten Rabatten ist sie ein würdiger Vertreter der Rosen. Dass sie zu allem Überfluss auch noch sehr gesund ist, versteht sich bei dieser Alleskönnerin schon fast von selbst.

Thomas à Becket

HÖHE *1,5 m*
BREITE *1,2 m*
BLÜTE *Öfterblühend*
KLASSE *Englische Rose*
DUFT *Mittel, Alte Rose*
SORTENCODE *'Auswinston'*

Gute rote Rosen für Hecken sind schwer zu finden, doch 'Thomas à Becket' gehört zu diesen Raritäten. Die Sorte ist eng mit wilden Rosen verwandt, was ihr ein charakteristisches Aussehen verleiht. Sie wächst relativ aufrecht, aber auch sehr buschig, und nimmt mit der Zeit einen leicht übergebogenen Habitus an. Ihre leuchtend karminroten Blüten geben sich zunächst bescheiden als flache Becher, bevor sie sich selbstbewusst zu lockeren Rosetten öffnen und ihre äußeren Kronblätter zurückschlagen. Eine prächtige, solide Heckenpflanze.

Pink Roadrunner

HÖHE *75 cm*
BREITE *75 cm*
BLÜTE *Öfterblühend*
KLASSE Rosa-rugosa-*Hybride*
DUFT *Kräftig, Alte Rose*
SORTENCODE *'Uhlarium'*

Hybriden von Kartoffel-Rosen gelten schon generell als zäh, wenig anfällig für Krankheiten und winterhart, aber für 'Pink Roadrunner' gilt das in ganz besonderem Maß. Die Blüten der Sorte sind zwischen halbgefüllt und gefüllt angesiedelt und erstrahlen in reinem Rosarot. Sie öffnen sich vom Frühsommer bis zum Saisonende in großer Zahl. Der Strauch empfiehlt sich als Heckenpflanze, ist aber auch in anderen Gartenbereichen alles andere als fehl am Platz.

Olivia Rose Austin

HÖHE *1,2 m* BREITE *1 m* BLÜTE *Öfterblühend*
KLASSE *Englische Rose* DUFT *Schwach bis mittel, fruchtig* SORTENCODE *'Ausmixture'*

Jede Rose, die für den Einsatz in Hecken oder anderen Gruppenpflanzungen in Betracht gezogen wird, muss in erster Linie gesund sein. Deshalb ist 'Olivia Rose Austin' genau die Richtige für diese Art von Verwendung. Sie überzeugt durch lange Blühdauer und legt schon 2–3 Wochen vor den meisten anderen Rosen los, um anschließend ohne Umschweife zu remontieren. Ihre großen, zartrosa Blüten setzen sich aus zahlreichen Kronblättern in dekorativer Rosettenform zusammen.

Harlow Carr

HÖHE *1 m* BREITE *1 m* BLÜTE *Öfterblühend*
KLASSE *Englische Rose* DUFT *Mittel bis kräftig, Alte Rose* SORTENCODE *'Aushouse'*

'Harlow Carr' ist eine extrem stachelige Sorte mit übergebogenen Trieben, die sich zu einer hervorragenden, undurchdringlichen Hecke verflechten. Ihre mittelgroßen, rosaroten Blüten halten mit ihrem Duft alles andere als hinter dem Berg. Die ausgesprochen gesunde Rose kann vielerorts im Garten zum Einsatz gebracht werden und eignet sich für formale wie naturnahe Bereiche gleichermaßen.

'Harlow Carr'

'Olivia Rose Austin'

Rosen für warme, sonnige Wände

Alle Rosen brauchen wenigstens ein paar Sonnenstunden täglich, doch die hier genannten Sorten sind regelrechte Sonnenanbeter. Wenn man sie mit guten Böden und regelmäßigen Wassergaben verwöhnt, bedanken sie sich mit üppiger Blüte und viel Wohlgeruch.

'The Lady of the Lake'

The Lady of the Lake

HÖHE *4 m* BREITE *3 m* BLÜTE *Öfterblühend* KLASSE *Rambler-Rose* DUFT *Mittel, fruchtig* SORTENCODE *'Ausherbert'*

Die meisten Rambler-Rosen sind für horizontale Flächen zu wüchsig, 'The Lady of the Lake' aber ist anders. Sie trägt nur kleine Blüten, diese aber durchgehend vom Frühsommer bis in den Frühwinter. Farblich changiert sie zwischen zartem Rosa und weichem Apricot. Weil sie nicht allzu viele Kronblätter hat, gelangen Bienen leichter an ihre Staubblätter. Gut geeignet ist 'The Lady of the Lake' auch für Pergolen und Bögen. Die sehr gesunde Sorte zeigt hübsche Blätter und dunkle Triebe, vor allem, solange die Pflanze jung ist.

Climbing Étoile de Hollande

HÖHE *4 m* BREITE *2,5 m* BLÜTE *Öfterblühend* KLASSE *Teehybride* DUFT *Kräftig, Alte Rose*

'Étoile de Hollande' gehört zu den besten Duftrosen überhaupt. Sie verwöhnt mit einem intensiven, schweren und süßen Duft nach Alten Rosen. Ihre samtig karminroten Blüten haben anfangs die klassische Teehybridenform, werden dann aber etwas formlos. Die wüchsige Kletterrose braucht viel Platz, doch kann man ihre langen Triebe gut in Fächerform erziehen. Falls man welke Blüten am Strauch lässt, bildet sie recht viele große, rote Hagebutten. Leider ist sie anfällig für Sternrußtau, aber mit etwas zusätzlicher Pflege und Aufmerksamkeit eine Bereicherung für Gärten.

'Climbing Étoile de Hollande'

The Generous Gardener

HÖHE *4 m* BREITE *3 m* BLÜTE *Öfterblühend* KLASSE *Englische Rose* DUFT *Intensiv, Alte Rose, Tee, Myrrhe* SORTENCODE *'Ausdrawn'*

Sie wurde als große Strauchrose eingeführt, doch bald stellte sich heraus, dass sie als Kletterrose erfolgreicher war. Man kultiviert sie am besten vor einer Wand, wo sich ihre langen, recht steifen Triebe fächerig anordnen lassen. Gleichzeitig eignet sie sich für Lauben und Pergolen, da man dort ihren Duft am besten genießen kann. Die großen, zartrosa Blüten überzeugen mit einem Duftcocktail aus Alter Rose, Myrrhe und Tee. Werden welke Blüten nicht entfernt, darf man mit großen, orangeroten Hagebutten rechnen.

'The Generous Gardener'

Ghislaine de Féligonde

HÖHE *3 m* BREITE *2 m* BLÜTE *Öfterblühend*
KLASSE *Rambler-Rose* DUFT *Mittel, Moschus*

Die Sorte wurde vor mehr als 100 Jahren eingeführt, doch ihre Vorzüge und ihren Gartenwert hat man erst in neuerer Zeit erkannt. Sie kann als großer, überhängender Strauch gezogen werden, ist mit ihren fast stachellosen Trieben und der mäßigen Wüchsigkeit aber ideal als Begrünung einer Umzäunung oder Wand. Solange sie gut gewässert wird, sorgt die Wärme vor einer Mauer in der Sonne für reicheren Flor. Die Blüten sind klein, gefüllt und farblich zwischen weichem Apricot und Rosa angesiedelt. Eine zähe, verlässliche Rose.

Gertrude Jekyll

HÖHE *2,5 m* BREITE *2 m*
BLÜTE *Öfterblühend* KLASSE *Englische Rose*
DUFT *Kräftig, Alte Rose* SORTENCODE *'Ausbord'*

Mit ihrem relativ steifen, aufrechten Wuchs ist sie wie gemacht für Standorte vor Zäunen oder Mauern. Man kann die Triebe vertikal wachsen lassen oder fächerförmig erziehen, damit sie besser blühen und die Fläche dichter bedecken. Die rosa Kronblätter sind rosettenförmig angeordnet. Tüpfelchen auf dem i aber ist der feine Altrosenduft. 'Gertrude Jekyll' eignet sich auch als Einrahmung für Türen oder Bewuchs für einen Bogen.

'Gertrude Jekyll'

'Ghislaine de Féligonde'

Climbing Lady Hillingdon

HÖHE *4 m* BREITE *3 m*
BLÜTE *Öfterblühend* KLASSE *Teerose* DUFT *Kräftig, fruchtig, Tee*

Teerosen mögen es warm und gedeihen in kühleren Klimazonen wie rauen mitteleuropäischen Lagen oft nicht allzu gut. Wenn man 'Lady Hillingdon' allerdings an einer warmen, sonnigen Wand erzieht, ist sie zufrieden und blüht mit großer Regelmäßigkeit den ganzen Sommer hindurch bis in den Herbst hinein. Die schön geformten, langen, spitzen Blüten leuchten in sattem Apricotgelb. Sie geben einen intensiven, einnehmenden Duft mit fruchtigen Teenoten frei. Unterstrichen wird der Flor von dunkelgrünen Blättern, die wie die frischen Triebe anfangs sogar dunkel karminrot leuchten. Mit ihren biegsamen Trieben ist die Sorte gut für eine fächerförmige Erziehung vor Mauern geeignet, braucht aber viel Platz.

Golden Gate

HÖHE *3 m* BREITE *2 m*
BLÜTE *Öfterblühend*
KLASSE *Kletterrose*
DUFT *Mittel, süß, fruchtig*
SORTENCODE *'Korgolgat'*

Eine äußerst gesunde Sorte, die im Garten Zeichen setzt, ganz egal, wo man sie einsetzt. Ihre großen, bis 10 cm breiten Blüten beeindrucken mit leuchtendem Goldgelb, haben aber noch mehr zu bieten: Sie verströmen auch einen betörenden Fruchtduft, genauer gesagt Zitrus mit einem ausgeprägten Verweis auf tropische Blüten. 'Golden Gate' eignet sich besonders gut für Mauern und Zäune, selbst wenn es dort halbschattig ist. Ihre Triebe sind nicht allzu steif, sodass sie auch über Bögen geführt werden können.

Madame Plantier

HÖHE *3 m* BREITE *2,5 m*
BLÜTE *Einmalblühend*
KLASSE *Alba-Rose*
DUFT *Kräftig, süß, Alte Rose*

Eine wunderschöne Rose, die man leider nur selten sieht, wahrscheinlich weil sie nicht remontiert. Ihre kleinen, zartrosa Knospen entfalten sich zu reinweißen, mittelgroßen, gefüllten Blüten mit Kronblättern, die perfekt um ein kleines grünes Auge herum angeordnet sind und ebenso intensiv wie angenehm duften. Mit ihren schlanken, stachellosen, übergebogenen Trieben lässt sich die Sorte gut als rundlicher Strauch kultivieren, ist aber vielleicht besser eingesetzt, wenn man sie an einer Mauer, einem Zaun oder einem Obelisken erzieht bzw. an einem kleinen Baum hochwachsen lässt. Die Kreuzung aus Noisette- und Alba-Rose vereint in sich die Winterhärte der Alba mit der Fähigkeit der Noisette, auch in heißem Klima gut zu wachsen.

Climbing Mrs Herbert Stevens

HÖHE *5 m* BREITE *3 m*
BLÜTE *Öfterblühend* KLASSE *Teehybride* DUFT *Kräftig, Tee*

Die Sorte gab ihr Debüt 1922 als Kletterrose. Zieht man in Betracht, wie wenig Züchtungen von damals heute noch kultiviert werden, hat sie ihren Wert schon allein durch ihr Alter bewiesen. Eigentlich wurde die Sorte 1910 als Strauchrose eingeführt, doch ein Sport lieferte diese kletternde Form. Beide tragen wunderschöne Blüten mit der hohen, spitzen Mitte der Teehybriden, wirken jedoch edler als viele moderne Sorten. Die großen Blüten leuchten in reinem Weiß, sieht man von einem leichten Gelbton in der Mitte ab. Sie hängen nach unten, was als Strauchrose eher von Nachteil, bei Kletterern aber ein Vorteil ist. Ein weiterer Bonus ist ihr intensiver, feiner Duft. Eine wüchsige Kletterrose mit recht steifen Trieben, die viel Platz braucht.

Lavender Siluetta

HÖHE *2 m* BREITE *1 m*
BLÜTE *Öfterblühend*
KLASSE *Kletterrose*
DUFT *Schwach bis mittel, süß, würzig* SORTENCODE *'Korsilu09'*

Die angenehm schlichten, fast ungefüllten Blüten dieser Sorte öffnen sich vom Frühsommer bis zum Winterbeginn in großer Zahl. Ihr weiches Lilarosa wird mit der Zeit heller, sodass der Strauch sich mit einem Mix fein abgestimmter Töne schmückt. 'Lavender Siluetta' ist nicht allzu wüchsig und hat biegsame Triebe, die sich an einer niedrigen Mauer leicht fächerförmig ausbreiten oder um einen Obelisken herumführen lassen (S. 188). Schneidet man die Sorte kräftig, lässt sie sich auch hervorragend als Hecke einsetzen.

Rosen für halbschattige Mauern

Nach Norden gerichtete und halbschattige Mauern sind für Kletterpflanzen oft schwieriges Terrain. Es gibt jedoch viele Rosen, die dort bestens gedeihen, solange sie mindestens vier Sonnenstunden täglich haben. Der Schatten verhindert sogar, dass die Blüten versengen.

'Hella'

Hella

HÖHE *2,5 m* BREITE *1 m*
BLÜTE *Öfterblühend* KLASSE *Kletterrose*
DUFT *Schwach* SORTENCODE *'Korditwol'*

'Hella' ähnelt der beliebten Floribunda-Rose 'Iceberg', ist aber wesentlich gesünder. Ihre reinweißen, halbgefüllten Blüten tragen ein dickes Bündel Staubblätter in der Mitte. Die preisgekrönte Sorte blüht willig und hat biegsame Triebe, sodass sie sich leicht an einer Wand, einem Bogen oder einer Pergola erziehen lässt.

Madame Alfred Carrière

HÖHE *5 m* BREITE *3 m*
BLÜTE *Öfterblühend* KLASSE *Kletternde Noisette-Rose*
DUFT *Kräftig, fruchtig*

'Madame Alfred' ist auf der ganzen Welt beliebt, denn sie verträgt unterschiedlichste Klimabedingungen und Standorte im Garten. Allerdings braucht die wüchsige Sorte viel Platz. Ihre Knospen sind hellrosa, die Blüten ab dem Entfalten weiß. Ihre Form ist nichts Besonderes, dafür öffnen sie sich in großer Zahl und begeistern mit einem süßen Duft, in dem oft deutliche Grapefruit-Nuancen mitschwingen. Noisette-Rosen sind in der Regel etwas empfindlich und brauchen viel Sonne, diese aber ist winterhart und wächst und blüht sogar an Orten mit ein paar Schattenstunden am Tag. Man erzieht sie am besten vor einer Mauer, was dadurch erleichtert wird, dass sie fast keine Stacheln trägt. Allerdings wächst sie deshalb auch nicht besonders gut an Bäumen hoch.

'Madame Alfred Carrière'

'City of York'

'Leverkusen'

City of York

HÖHE *5 m* BREITE *3 m*
BLÜTE *Einmalblühend, später noch einzelne Blüten*
KLASSE *Rambler-Rose (Wichurana-Hybride)*
DUFT *Schwach bis mittel, Moschus, Zitrus*

Die reinweißen Blüten dieser auch 'Direktor Benschop' genannten Sorte bringen Licht in schattige Winkel. Sie sind halbgefüllt und tragen in der Mitte ein auffälliges goldgelbes Bündel aus Staubblättern, von denen Bienen sehr angetan sind. Unterstrichen wird der strahlende Flor von dunkelgrünen, gesunden Blättern. Die Sorte gedeiht auch vor sonnigen Mauern, an Pergolen und einem großen Bogen.

Chevy Chase

HÖHE *4 m* BREITE *3 m* BLÜTE *Einmalblühend*
KLASSE *Rambler-Rose* DUFT *Schwach bis fehlend*

Die vielleicht beste karminrote Rambler-Rose. Sie trägt kleine, sehr regelmäßig und perfekt geformte Blüten, die sich in großer Zahl, aber etwas später als die der meisten anderen Rosen öffnen und ihre Farbe sehr lange behalten. Gut zur Geltung kommt die Sorte, wenn man sie an einem kleinen Baum oder großen Strauch hochwachsen lässt. Sie ist ein Ausbund an Gesundheit.

Leverkusen

HÖHE *3 m* BREITE *2 m* BLÜTE *Öfterblühend*
KLASSE *Kletterrose* DUFT *Mittel, fruchtig*

'Leverkusen' kam 1954 heraus und war die erste Sorte einer Kordesii-Hybriden genannten Gruppe, die man speziell auf Winterhärte und Widerstandsfähigkeit gegen Krankheiten züchtete. Sie steht bis heute in hohem Ansehen und trägt hübsche, relativ große Blüten, deren Gelb in der Mitte etwas dunkler, am Rand aber wesentlich heller ist. Auf den Flor folgen Hagebutten, die eine Zeit lang grün bleiben und sich schließlich gelb färben. Die buschige Kletterrose verträgt Schatten und kann auch als großer Strauch gezogen werden.

'Chevy Chase'

'Chawton Cottage'

Chawton Cottage

HÖHE *2,5 m* BREITE *2 m* BLÜTE *Öfterblühend*
KLASSE *Kletterrose* DUFT *Schwach*
SORTENCODE *'Harzimlet'*

Von ihrer Vorfahrin *Rosa persica* hat 'Chawton Cottage' das unverwechselbare dunkel rubinrote Auge geerbt, das durch den Ansatz der perlrosa Kronblätter gebildet wird. Weil sie nicht allzu wüchsig ist, eignet sie sich bestens für niedrige Mauern oder Zäune und als Begrünung eines Bogens. Sie blüht reichlich und remontiert gut. Das glänzend dunkelgrüne Laub ist überaus gesund. Eine robuste Sorte.

Purple Skyliner

HÖHE *2,5 m* BREITE *2 m*
BLÜTE *Öfterblühend* KLASSE *Rambler-Rose*
DUFT *Mittel* SORTENCODE *'Franwekpurp'*

Eine kleine Kletterrose mit halbgefüllten, anfangs zart purpurnen Blüten, die zu Mauve und Grau verblassen. Sie ähnelt der wüchsigen, einmalblühenden Rambler-Rose 'Veilchenblau', ist jedoch blühfreudiger, remontiert gut und lässt sich problemlos im Zaum halten. Zugleich gibt sie aber auch einen hübschen Strauch ab und eignet sich als Bewuchs für Obelisken (S. 185).

The Pilgrim

HÖHE *3 m* BREITE *2 m* BLÜTE *Öfterblühend*
KLASSE *Kletternde Englische Rose* DUFT *Mittel, Tee, Myrrhe* SORTENCODE *'Auswalker'*

'The Pilgrim' wächst im Zuchtbetrieb David Austin Roses seit vielen Jahren an einer offenen, aber nach Norden gerichteten Wand und sieht trotzdem in jeder Saison umwerfend aus. Sie wird nur leicht geschnitten und hat inzwischen die Dachrinne eines zweistöckigen Hauses erreicht, könnte aber auch wesentlich niedriger gehalten werden. Ihre gelben Blüten bringen jede Mauer zum Leuchten. Sie setzen sich aus je 140 Kronblättern zusammen, die sich zur perfekten Rosette formieren.

James Galway

HÖHE *3 m* BREITE *2 m* BLÜTE *Öfterblühend*
KLASSE *Kletternde Englische Rose* DUFT *Schwach bis mittel, Alte Rose* SORTENCODE *'Auscrystal'*

Zunächst wurde 'James Galway' als Strauch eingeführt, bald aber zeigte sich, dass die Sorte wesentlich mehr Talent als Kletterrose hat. Ihre großen Blüten sind dicht mit rund 130 sehr wetterfesten Kronblättern gefüllt. Sie leuchten in der Mitte in ansprechendem warmem Rosa und werden nach außen hin heller. Die Triebe tragen kaum Stacheln und sind recht steif, lassen sich aber trotzdem noch an einer 2 m hohen Mauer oder Umzäunung ausfächern.

Climbing Madame Caroline Testout

HÖHE *5 m* BREITE *2,5 m* BLÜTE *Manchmal remontierend* KLASSE *Kletternde Teehybride* DUFT *Mittel, süß*

Dank ihrer großen, silbrig rosa, rundlichen Blüten mit zurückgeschlagenen Kronblättern ist 'Madame Caroline Testout' eine sehr charaktervolle Rose. Sie wächst steif aufrecht und trägt viele Stacheln, lässt sich also nicht ganz einfach in Fächerform erziehen. Daher bietet man ihr am besten einen Platz an einer 4–5 m hohen Wand mit einer ordentlichen Fläche. Ihre Blüten sind langlebig und die Kronblätter fallen zum Glück sauber ab. Die Kletterform stammt von einer Strauchrose ab, die in Portland im US-Bundesstaat Oregon in großer Zahl neben Gehwegen kultiviert wurde. Sie ist gesund, robust, verlässlich und unglaublich langlebig: Ein Alter von über 100 Jahren ist keine Seltenheit.

'Purple Skyliner'

'James Galway'

'The Pilgrim'

'Climbing Madame Caroline Testout'

Rosen für Bögen, Pergolen, Obelisken und Säulen

Mit Kletterhilfen lassen sich Rosen im Garten hervorragend in Szene setzen. Bögen brauchen Sorten, die schon vom Ansatz an aufwärts blühen und so biegsame Triebe bilden, dass man sie gut anbinden kann. Pergolen werden am besten an den Pfosten mit Kletterrosen und an den horizontalen Streben mit Ramblern begrünt. Für Säulen und Obelisken eignen sich aufrechte, hohe Sträucher.

'Narrow Water'

Narrow Water

HÖHE *2,5 m* BREITE *2 m*
BLÜTE *Öfterblühend* KLASSE *Kletternde Noisette-Rose* DUFT *Mittel bis kräftig, Moschus*

Die Sorte geizt nicht mit hübschen kleinen Blüten und offeriert sie bereitwillig bis zum Ende der Saison. Aus ihren rosa Knospen entfalten sich halbgefüllte lilarosa Blüten, die später zu Cremeweiß und Weiß verblassen, sodass der Strauch mit einem ansprechenden Farbenmix beeindruckt. Der Moschus- und Gewürznelkenduft ist typisch für Noisette-Rosen. 'Narrow Water' eignet sich für Bögen, wächst aber auch an einem kleinen Baum empor und kann sogar als hoher Strauch gezogen werden, wenn man sie regelmäßig schneidet. Für eine Noisette ist sie ungewöhnlich winterhart.

'Scent from Heaven'

Scent from Heaven

HÖHE *3 m* BREITE *2 m* BLÜTE *Öfterblühend*
KLASSE *Patio-Kletterrose* DUFT *Kräftig, Frucht*
SORTENCODE *'Chewbabaluv'*

Eine Rose mit fabelhaftem Duft – eine Seltenheit bei Patio-Kletterrosen – und kräftiger Färbung. Die apricotrosa, mittelgroßen Blüten bilden sich bereits vom Boden an aufwärts an den Trieben. 'Scent from Heaven' trägt glänzendes Laub mit guter Krankheitsresistenz.

'Malvern Hills'

Malvern Hills

HÖHE *4 m* BREITE *3 m* BLÜTE *Öfterblühend*
KLASSE *Kletternde Englische Rose* DUFT *Schwach bis mittel, Moschus* SORTENCODE *'Auscanary'*

Eine hübsche, vielseitige Rose. Sie blüht üppig und öffnet relativ kleine, anfangs hellbraune, dann gelbe und schließlich cremefarbene Blüten. Ihre Blüten sind – zumindest anfangs – rosettenförmig und tragen ein kleines Knopfauge. 'Malvern Hills' wächst kräftig genug, um eine Pergola rasch zu erobern, wuchert jedoch nicht übermäßig.

Paul Noël

HÖHE *4 m* BREITE *3 m* BLÜTE *Teils remontierend*
KLASSE *Rambler-Rose* DUFT *Mittel, Tee, Frucht*

Die ungewöhnliche Rambler-Rose ist das Ergebnis einer Liaison der Wildrose *R. wichurana* mit der Teerose 'Monsieur Tillier'. Sie war in Großbritannien auch als 'Paul Transon' sehr beliebt, bis man die Verwechslung mit 'Paul Noël' erkannte. Die beachtliche Größe der Blüten und ihre Farbe – ein weiches Lachsrosa, das rasch verblasst – hat sie von ihrem Teerosen-Elternteil geerbt. Die erste Blüte im Frühsommer fällt großzügig aus. Eine zweite folgt später in der Saison, vor allem bei feuchtem Boden. Mit ihren biegsamen Trieben, ein Vermächtnis der Wildrosenlinie, ist die Sorte der ideale Bewuchs für Pergolen, Nebengebäude und Bäume. Ihr Duft ist eine interessante Melange aus Apfel und einem Hauch Chrysanthemen.

Super Fairy

HÖHE *3 m* BREITE *2 m* BLÜTE *Öfterblühend*
KLASSE *Rambler-Rose* DUFT *Schwach*
SORTENCODE *'Helsufair'*

Sie hat die hellste Färbung der 'Super'-Serie von Karl Hetzel, der die Üppigkeit der alten Rambler-Rosen mit guter Remontanz verbinden wollte. Die kleinen, rosa, dicht gefüllten Blüten stehen in großen Büscheln an biegsamen Trieben, die man um Säulen und Obelisken herumführen oder an senkrechten Flächen auffächern kann. Gut auch als Hochstamm und Schnittblume.

'Super Fairy'

'Paul Noël'

Purple Skyliner

HÖHE *2,6 m* BREITE *2 m*
BLÜTE *Öfterblühend* KLASSE *Kletterrose*
DUFT *Mittel* SORTENCODE *'Franwekpurp'*

Eine ausgezeichnete Gipfelstürmerin für Obelisken und Säulen. 'Purple Skyliner' erreicht genau die richtige Höhe, blüht kontinuierlich und mit großer Freude und ist sehr gesund. Die halbgefüllten, pastellvioletten Blüten werden mit der Zeit grau und geben einen angenehmen Duft frei. Eine zähe Sorte, die sogar etwas Schatten (S. 180) verträgt und nicht ganz optimale Bedingungen klaglos wegsteckt.

'Purple Skyliner'

Allegro

HÖHE *2 m* BREITE *1,5 m*
BLÜTE *Öfterblühend* KLASSE *Kletterrose* DUFT *Schwach bis mittel*
SORTENCODE *'Meileodevin'*

Eine gute Allrounderin. Ihre mittelgroßen, kräftig rosaroten Blüten setzen sich aus zahlreichen im Stil Alter Rosen angeordneten Kronblättern zusammen. 'Allegro' ist gesund und remontiert gut. Weil sie relativ niedrig bleibt, bietet sie sich für Balkone und Terrassen an, doch kann sie genauso gut an Obelisken und Säulen hochgezogen werden. Sogar als übergebogener Strauch bewährt sich die Sorte.

Jasmina

HÖHE *2,5 m* BREITE *1 m*
BLÜTE *Öfterblühend* KLASSE *Kletterrose* DUFT *Kräftig, fruchtig*
SORTENCODE *'Korcentex'*

'Jasmina' ist eine bezaubernde Rose mit dicht gefüllten, mittelgroßen Blüten. Ihre Kronblätter sind wie bei Alten Rosen als geviertelte Rosette angeordnet. Sie variieren farblich zwischen violett und rosa. Mit ihrem intensiven, einnehmenden Duft beschwören sie frische Aromen von Birne und Aprikose herauf. Die Sorte remontiert gut und setzt eifrig Blüten an, die sich sogar für die Vase eignen. Sie ist völlig winterhart und von phänomenaler Gesundheit.

Crown Princess Margareta

HÖHE *3 m* BREITE *2,5 m*
BLÜTE *Öfterblühend*
KLASSE *Kletternde Englische Rose*
DUFT *Kräftig, fruchtig*
SORTENCODE *'Auswinter'*

Eine Rose in herrlich sattem Apricot mit einem intensiven Fruchtduft, in dem sich aber auch der Hauch einer Teenote bemerkbar macht. Ihre zahlreichen Kronblätter sind ansprechend rosettig angeordnet. 'Crown Princess Margareta' kann zwar als großer Strauch eingesetzt werden, eignet sich aber besser als Kletterrose, vor allem in wärmeren Klimazonen. Eine sehr gesunde, winterharte Sorte.

Warm Welcome

HÖHE *2,5 m* BREITE *1,5 m*
BLÜTE *Öfterblühend*
KLASSE *Patio-Kletterrose*
DUFT *Schwach*
SORTENCODE *'Chewizz'*

Eine besonders lebhafte Rose, die unweigerlich die Blicke auf sich zieht. Sie öffnet die gesamte Saison hindurch zahlreiche kleine, fast ungefüllte Blüten in leuchtendem Orange, die sich zudem noch vom Boden bis zur Spitze über den gesamten Strauch verteilen. Erst die Kälte kann diese Sorte in ihrem Blühdrang bremsen. Eine überaus gesunde Rose, die Idealbesetzung für Obelisken und Säulen.

Alaska

HÖHE *2 m* BREITE *1 m*
BLÜTE *Öfterblühend* KLASSE *Kletterrose* DUFT *Schwach bis mittel*
SORTENCODE *'Korjoslio'*

Wirklich gute weiße Kletterrosen sind nicht einfach zu finden, vor allem, wenn sie auch noch große, gefüllte Blüten tragen sollen, aber mit 'Alaska' werden diese Wünsche wahr. Die Sorte ist nicht allzu wüchsig und lässt sich daher leicht unter Kontrolle halten, was ein nicht zu unterschätzender Aspekt ist, wenn man eine Rose für einen Bogen sucht. Zudem ist sie von phänomenaler Gesundheit und auch noch winterhart.

Maid of Kent

HÖHE *4 m* BREITE *3 m*
BLÜTE *Öfterblühend*
KLASSE *Kletterrose*
DUFT *Schwach*

'Maid of Kent' gehört zu den Rosen, die man sowohl Kletter- als auch Rambler-Rose nennen könnte. Die nützliche Sorte öffnet unzählige kleine, halbgefüllte Blüten, die anfangs zartrosa leuchten, später aber nur noch ganz leicht rosa überlaufen sind. Da sie wüchsig ist und biegsame Triebe bildet, ist sie die Idealbesetzung für Pergolen und Bäume.

»Bögen und Pergolen machen am meisten her, wenn sie eine klare Funktion im Garten haben und den Übergang von einem Bereich zum anderen markieren.«

'Aglaia'

Lavender Siluetta

HÖHE *2 m* BREITE *1 m* BLÜTE *Öfterblühend* KLASSE *Kletterrose* DUFT *Schwach bis mittel, süß, würzig* SORTENCODE *'Korsilu09'*

Zu den größten Vorzügen der Rosen aus dem deutschen Zuchtbetrieb Kordes gehört ihre ausgezeichnete Gesundheit. Die Protagonistinnen der Siluetta-Serie sind eine recht neue Entwicklung und allesamt relativ niedrige Kletterrosen mit unbändiger Blühfreude. 'Lavender Siluetta' entfaltet halbgefüllte Blüten in bezauberndem Lila, das mit der Zeit leicht verblasst. Die biegsamen Triebe des Strauchs lassen sich spiralig um eine Säule oder einen Obelisken winden, doch eignet sich die Rose auch für eine warme, sonnige Wand (S. 175).

'Lavender Siluetta'

Aglaia

HÖHE *4 m* BREITE *2,5 m* BLÜTE *Einmalblühend*
KLASSE *Rambler-Rose* DUFT *Kräftig, Moschus*

Sie ist eine der blühfreudigsten Rambler-Rosen, aber leider selten anzutreffen. Ihre Triebe sind etwas steif und müssen daher eventuell angebunden werden, tragen dafür aber so gut wie keine Stacheln. Die halbgefüllten Blüten starten zunächst mit weichem Gelb, verblassen aber dann rasch zu Cremegelb und Weiß, sodass der Strauch in voller Blüte eine ganze Reihe von Farben zu bieten hat. Mit ihrer zarten Tönung, dem intensiven Moschusduft und der robusten Gesundheit ist 'Aglaia' eine Sorte, die es verdient, öfter gepflanzt zu werden.

'Sunny Siluetta'

Sunny Siluetta

HÖHE *2 m* BREITE *1 m* BLÜTE *Öfterblühend*
KLASSE *Kletterrose* DUFT *Leicht bis mittel*
SORTENCODE *'Korsilu05'*

Die Blüten der remontierenden 'Sunny Siluetta' sind apricotgelb, fast ungefüllt und öffnen sich monatelang in großer Zahl. Mit ihren biegsamen Trieben lässt sich die Rose gut über Bögen führen oder an Mauern und Zäunen erziehen. Eine gesunde, sehr winterharte Sorte.

Crimson Siluetta

HÖHE *2 m* BREITE *1 m* BLÜTE *Öfterblühend*
KLASSE *Rambler-Rose* DUFT *Schwach*
SORTENCODE *'Korsilu06'*

'Crimson Siluetta' ähnelt der bekannten Rambler-Rose 'Chevy Chase' (S. 178), remontiert aber gut und ist weit weniger wüchsig, womit sie sich für Obelisken und Säulen anbietet. Ihre kleinen, dicht gefüllten, rein karminroten Blüten trägt sie vom Boden an aufwärts am gesamten Strauch. Sie kann auch als Hecke kultiviert werden. Eine überaus gesunde Sorte.

'Crimson Siluetta'

Summertime

HÖHE *2,5 m* BREITE *1 m*
BLÜTE *Öfterblühend* KLASSE *Patio-Kletterrose*
DUFT *Mittel, süß* SORTENCODE *'Chewlarmoll'*

Die heitere kleine Rose trägt nur kleine Blüten, aber die öffnet sie dafür in großer Zahl – und auch noch den ganzen Sommer hindurch bis in den Herbst hinein. Patio-Kletterrosen sind nicht gerade für ihren Wohlgeruch berühmt, aber 'Summertime' schlägt in dieser Hinsicht aus der Art und duftet süß. Die Sorte ist ausgesprochen zäh und gesund und steckt suboptimale Bedingungen gut weg, blüht aber wesentlich besser, wenn man sie gut umsorgt.

Laguna

HÖHE *2,5 m* BREITE *1 m* BLÜTE *Öfterblühend*
KLASSE *Kletterrose* DUFT *Kräftig, fruchtig*
SORTENCODE *'Koradigel'*

Einen Platz im Garten verdient sie schon allein wegen ihres besonders feinen, intensiven Dufts, der eine volle, ausgewogene Melange mehrerer Komponenten aufbietet, darunter frische Zitrone, Litschi, Alte Rose und Patschuli! Die großen, bis zu 10 cm breiten Blüten ziehen unweigerlich die Blicke mit ihrem reinen, dunklen Rosa auf sich. 'Laguna' ist eine preisgekrönte Sorte, gesund und äußerst winterhart. Selbst im Halbschatten blüht sie noch gut.

Rambling Rosie

HÖHE *2,5 m* BREITE *1,5 m*
BLÜTE *Öfterblühend* KLASSE *Rambler-Rose*
DUFT *Leicht bis mittel* SORTENCODE *'Horjasper'*

Eine kleine Rambler-Rose, die unübersehbare Farbakzente im Garten setzt und vom Frühsommer bis in den Herbst hinein blüht. Ihre relativ kleinen, halbgefüllten Blüten sind leuchtend karminrot und tragen ein kaum sichtbares weißes Auge. 'Rambling Rosie' blüht eifrig vom Boden an aufwärts und ist damit erste Wahl für Säulen, Obelisken, Böden und natürlich auch Mauern und Zäune. Manche Anbieter verkaufen sie sogar als Hochstamm mit elegant kaskadierenden Trieben. Eine ausgesprochen gesunde Sorte.

The Albrighton Rambler

HÖHE *4 m* BREITE *3 m* BLÜTE *Öfterblühend*
KLASSE *Englische Rambler-Rose* DUFT *Schwach, Moschus* SORTENCODE *'Ausmobile'*

Wie perfekte kleine Alte Rosen muten die Blüten dieser Sorte an. Ihr zartes Rosa, mitunter sogar leicht ins Apricotfarbene spielend, bleicht allmählich zu einem rosa überlaufenen und schließlich fast vollständigen Weiß aus. Sie öffnen sich in großen Büscheln am Ende langer, elegant übergebogener Triebe und setzen sich aus Kronblätter zusammen, die malerisch um ein dunkleres Auge herum angeordnet sind. Weil die Sorte nicht allzu kräftig wächst und relativ biegsame Triebe hat, lässt sie sich unschwer horizontal an den Streben einer Pergola entlangziehen.

'Summertime'

'Rambling Rosie'

'Laguna'

'The Albrighton Rambler'

'Mortimer Sackler'

Rosen für Mauern und Zäune

Eine Rose an einer Wand oder einem Zaun ist ein wirklich klassisches Gartenelement. Wählt man sie mit Bedacht aus, bekommt man mehr geboten als mit jeder anderen Art von Kletterpflanze: schöne Blüten, Farbe, Duft und eine lange Blütezeit. Die richtige Rose macht aus einer tristen Mauer ein Erlebnis.

»Sie entlang der Eingangstür zu erziehen, ist von allen Möglichkeiten die vielleicht beliebteste Form Rosen zu kultivieren.«

'Claire Austin'

Mortimer Sackler

HÖHE *3 m* BREITE *3 m* BLÜTE *Öfterblühend*
KLASSE *Kletternde Englische Rose* DUFT *Leicht bis mittel, fruchtig, Alte Rose* SORTENCODE *'Ausorts'*

'Mortimer Sackler' ist mit ihren mittelgroßen Blüten und den auffälligen Blättern und Trieben unverkennbar. Die rosaroten Knospen geben nach dem Entfalten zartrosa, locker gefüllte Blüten frei, die nach außen hin heller werden und mit zunehmendem Alter weiter ausbleichen. Der Flor wird reizvoll unterstrichen von dem dunklen Laub und den ebenso dunklen, fast stachellosen Trieben. Schneidet man die Sorte nur leicht, kann sie an einer warmen Mauer gut und gern 3 m hoch werden. Sie lässt sich aber auch als großer Strauch im hinteren Bereich einer Rabatte platzieren.

Claire Austin

HÖHE *3 m* BREITE *2 m* BLÜTE *Öfterblühend*
KLASSE *Kletternde Englische Rose* DUFT *Kräftig, Myrrhe* SORTENCODE *'Ausprior'*

Wie rote Rosen sind auch gute weiße Rosen nicht leicht zu züchten. 'Claire Austin' allerdings trägt große Blüten und ist von unverwüstlicher Gesundheit. Sie wurde anfangs als Strauchrose eingeführt, machte dank ihrer Wüchsigkeit aber bald klar, dass sie als kleine Kletterrose besser eingesetzt ist. Ihre runden, cremeweißen Blüten werben mit einem intensiven Myrrheduft, der auch Andeutungen von Mädesüß und Vanille beinhaltet.

Graham Thomas

HÖHE *3 m* BREITE *2 m* BLÜTE *Öfterblühend*
KLASSE *Englische Rose* DUFT *Mittel bis kräftig, Tee*
SORTENCODE *'Ausmas'*

Diese Rose war es, die bei der Chelsea Flower Show 1983 die Aufmerksamkeit der Gartenwelt auf sich zog. Sie begründete zudem den Ruhm von David Austins Englischen Rosen. Ihre Blüten haben das satteste, reinste Dunkelgelb, das man sich vorstellen kann. Sie sind zunächst becherförmig, öffnen sich dann aber zu schönen Rosetten. Zugleich bieten sie einen intensiven, einnehmenden Teeduft auf. 'Graham Thomas' blüht wie viele Englische Rosen vom Boden an aufwärts.

'Graham Thomas'

Open Arms

HÖHE *2,5 m* BREITE *2 m*
BLÜTE *Öfterblühend*
KLASSE *Patio-Rambler*
DUFT *Schwach, Moschus*
SORTENCODE *'Chewpixcel'*

Chris Warner, der Züchter dieser Rose, hat schon mehrere Patio-Kletter- und Rambler-Rosen eingeführt. Alle sind relativ niedrig und kompakt und eignen sich somit für beengte Verhältnisse. Zu ihren großen Vorzügen gehört außerdem, dass sie schon ab Bodenhöhe aufwärts blühen. 'Open Arms' beeindruckt mit kleinen, fast ungefüllten Blüten, die nach dem Entfalten lachsrosa sind, um nach einiger Zeit zu verblassen. Außerdem fallen sie durch ein weißes Auge und ein Bündel gelber Staubblätter ins Auge. Die Sorte ist sehr gesund und lässt sich auch von kühler Witterung nicht vom Blühen abhalten. Ihre biegsamen Triebe kann man gut fächerförmig vor einer Mauer oder einem Zaun erziehen.

Amadeus

HÖHE *2,5 m* BREITE *1 m*
BLÜTE *Öfterblühend*
KLASSE *Kletterrose*
DUFT *Schwach*
SORTENCODE *'Korlabriax'*

Gesunde Rosen mit großen roten Blüten zu züchten ist kein Pappenstiel, aber der Flor von 'Amadeus' leuchtet in einem beständigen, regenfesten, leuchtenden Karminrot und die einzelnen Blüten haben bis zu 10 cm Durchmesser. Der gesunde, winterharte Strauch wurde in aller Welt mit Preisen überhäuft. Dank seiner moderaten Wüchsigkeit eignet er sich besonders für beengte Verhältnisse vor Wänden oder Zäunen, doch auch an Obelisken und Säulen ist er bestens aufgehoben.

Bathsheba

HÖHE *3 m* BREITE *2 m*
BLÜTE *Öfterblühend*
KLASSE *Kletternde Englische Rose*
DUFT *Kräftig, Myrrhe*
SORTENCODE *'Auschimbley'*

Diese Rose macht im Garten viel Eindruck. Sie hat genau die richtige Größe für Mauern oder Zäune, wo sie sich gut im Zaum halten lässt und leicht zugänglich ist, damit man regelmäßig an ihr riechen oder Blütenstiele für die Vase abschneiden kann. Die zum Teil über 10 cm breiten Blüten setzen sich aus rund 170 schön angeordneten Kronblättern zusammen. In ihrem Duftrepertoire finden sich köstliche Myrrhenoten mit Anklängen an Tee und Honig. Farblich bieten sie ein dezentes Apricotrosa und weiches Gelb, das an den äußeren Kronblättern in ein Cremegelb übergeht. Eine gesunde, gut remontierende Sorte.

Lady of Shalott

HÖHE *3 m* BREITE *2 m*
BLÜTE *Öfterblühend*
KLASSE *Englische Rose* DUFT *Mittel bis kräftig, Tee und Frucht*
SORTENCODE *'Ausnyson'*

Eine vielseitige, ansprechende Schönheit und eine der besten Englischen Rosen. Sie wird normalerweise als größerer Strauch kultiviert, kann aber vor allem in wärmeren Gegenden auch rasch eine 2–3 m hohe Wand oder Umzäunung bedecken. Ihre Blüten öffnet sie vom Spätfrühling bzw. Frühsommer bis weit in den Herbst hinein – bei milder Witterung kann man sogar im Winter mit ein paar Blüten rechnen, die sich ausgezeichnet als Vasenschmuck nutzen lassen. Die geschlossenen Knospen leuchten in sattem Orangerot, die offenen Blüten in schönem Apricot. In ihrem bezaubernden Duft zeigen sich zarte Teenoten mit Verweisen auf Bratapfel und Gewürznelken. Eine sehr gesunde Rose.

Wollerton Old Hall

HÖHE *3 m*
BREITE *2 m*
BLÜTE *Öfterblühend*
KLASSE *Kletternde Englische Rose*
DUFT *Kräftig, Myrrhe*
SORTENCODE *'Ausblanket'*

Die gesunde Rose zeichnet sich durch intensiven Duft und große Blüten aus. Sie ist recht wüchsig und braucht daher Mauern und Zäune mit größerer Fläche. Allerdings sind ihre Triebe nicht allzu steif, sodass man sie auch gut in Fächerform erziehen kann. Die Knospen zeigen sich außen rot überlaufen, während die Blüten anfangs zart apricotfarben sind und mit der Zeit etwas ausbleichen. Auffällig ist ihre runde Form. Die Staubblätter sieht man zwar kaum, doch Bienen gelangen trotzdem leicht zu ihnen. 'Wollerton Old Hall' entfaltet einen intensiven Duftzauber mit warmen Myrrhetönen und einem Hauch Zitrus, den manche auch als Magnolie interpretieren.

'Guirlande d'Amour'

Guirlande d'Amour

HÖHE *2,5 m* BREITE *2 m* BLÜTE *Öfterblühend*
KLASSE *Kletternde Moschus-Rose*
DUFT *Kräftig* SORTENCODE *'Lenalbi'*

'Guirlande d'Amour' produziert ein Meer aus reinweißen Blüten, die in riesigen Pyramiden aus bis zu 80 Einzelblüten zusammenstehen. Sie sind halbgefüllt und tragen ihre Staubblätter offen zur Schau. Ihr intensiver Moschus-Gewürznelken-Duft ist typisch für diese Klasse. Man kann die Sorte auch als überhängenden Strauch ziehen. Eine gesunde und sehr verlässliche Rose.

Sourire d'Isabelle

HÖHE *2,5 m* BREITE *2 m* BLÜTE *Öfterblühend*
KLASSE *Kletternde Moschus-Rose*
DUFT *Schwach* SORTENCODE *'Vel10kgual'*

Die gesunde Sorte lässt sich leicht im Zaum halten. Ihre ungefüllten, außen zartrosa, zur Mitte hin weiß werdenden Blüten öffnen sich in großer Zahl. Man kann 'Sourire d'Isabelle' kletternd oder als übergebogenen Strauch ziehen, je nachdem, wie man schneidet. Unübersehbar sind die violettorangen, später violettrosa Staubblätter. Zwickt man welke Blüten nicht ab, bekommt man orange Hagebutten als Bonus.

'Sourire d'Isabelle'

Rosen, die auf Bäume klettern

An Bäumen hochzuklettern ist die natürliche Bestimmung vieler Wildrosen – gerade deshalb tragen sie ja ihre Stacheln. Eine Rambler-Rose, die die Krone eines großen Baums erobert hat, ist ein unvergesslicher Anblick. Aber auch der Reiz kleinerer Bäume lässt sich dadurch erhöhen, dass man sie von einer kompakteren Rose erstürmen lässt.

'Kew Rambler'

Kew Rambler

HÖHE *5 m* BREITE *3 m* BLÜTE *Einmalblühend*
KLASSE *Rambler-Rose* DUFT *Kräftig, Moschus*

Ein Elternteil von 'Kew Rambler' ist *Rosa soulieana*, eine selten kultivierte, kletternde Art mit kleinen, cremefarbenen Blüten, grauem Laub und vielen Stacheln. 'Kew Rambler' hat von ihr die beiden letztgenannten Merkmale geerbt, trägt aber größere Blüten in recht kräftigem Rosa mit weißem Auge. Im Herbst setzt sie viele kleine orange Hagebutten an.

Francis E. Lester

HÖHE *5 m* BREITE *3 m* BLÜTE *Einmalblühend*
KLASSE *Rambler-Rose* DUFT *Kräftig, Moschus*

Eine überaus blühfreudige Rambler-Rose, die ihre kleinen, ungefüllten Blüten in großen Büscheln trägt. Sie sind zartrosa, werden aber von der Mitte her weiß, bis irgendwann die ganze Blüte diese Farbe hat. Die Kronblätter fallen sauber ab, was bei einer Rambler-Rose, deren Blüten zum größten Teil außer Reichweite sind, ein nicht unwichtiger Faktor ist. Auf sie folgen viele kleine, orangerote Hagebutten, die bis in den Winter, wenn Vögel sich über sie hermachen, am Strauch haften. Das Duftprofil der Sorte besteht aus dem Rambler-typischen, klassischen Moschusspektrum; es wird vom Wind weitergetragen und ist schon aus einiger Entfernung wahrnehmbar. 'Francis E. Lester' kann auch an Pergolen erzogen werden, wo die Blüten leichter erreichbar sind. Insgesamt eine gesunde, zähe, schöne, gartentaugliche Rose.

'Francis E. Lester'

Rosa filipes 'Kiftsgate'

HÖHE *12 m und mehr* BREITE *8 m und mehr* BLÜTE *Einmalblühend* KLASSE *Kletternde Wildrose* DUFT *Kräftig, Moschus*

Sie legt von allen Sorten die größte Wuchsfreude an den Tag. Das Exemplar in den Kiftsgate Court Gardens (ihrem Namensgeber) hat eine Rot-Buche erobert und ist inzwischen 25 m hoch. Gesteht man 'Kiftsgate' ausreichend Platz zu, bekommt man eine charaktervolle, schöne Rose mit hell bronzegrünem jungem Laub und weißen, kleinen Blüten, die riesige, lockere, aus 100 oder mehr Exemplaren bestehende Büschel bilden und unwiderstehlich nach Moschus duften. Die kleinen, dekorativen rosaroten Hagebutten halten lange.

Rosa filipes 'Kiftsgate'

Adélaïde d'Orléans

HÖHE *5 m* BREITE *3 m* BLÜTE *Einmalblühend*
KLASSE *Rambler-Rose* DUFT *Schwach bis mittel, Moschus*

Mit ihrem sehr lockeren Wuchs und den biegsamen Trieben ist 'Adélaïde d'Orléans' die ideale Rose für Bäume. Ihre halbgefüllten Blüten hängen mit lampionartiger Eleganz in Büscheln an den Trieben und kommen besonders gut an einem Baum mit kontrastierendem Laub, etwa einer Konifere oder einer Blut-Buche, zur Geltung. 'Adélaïde d'Orléans' ist nicht übermäßig wüchsig und braucht ein paar Jahre, bis sie beispielsweise einen älteren Apfelbaum in Beschlag genommen hat. Leider hat sie weder Hagebutten noch einen intensiven Duft zu bieten, aber ihre schönen Blüten machen dieses Manko wett. Eine sehr gesunde und in milden Gegenden auch mehr oder weniger immergrüne Sorte.

American Pillar

HÖHE *5 m* BREITE *3 m* BLÜTE *Einmalblühend*
KLASSE *Rambler-Rose* DUFT *Schwach*

Eine wüchsige, recht kräftig gefärbte Rose, die sehr verlässlich ist und sich hervorragend als Farbakzent im Garten eignet. Ihre Blüten öffnen sich in großen Büscheln und tragen intensiv rosa Blütenblätter mit kontrastierendem weißem Ansatz. Im Herbst verfärbt sich das Laub; zugleich bilden sich leuchtend rote Hagebutten. 'American Pillar' ist absolut winterhart.

Climbing Cécile Brunner

HÖHE *8 m* BREITE *4 m* BLÜTE *Einmalblühend*
KLASSE *Kletterrose* DUFT *Mittel, süß*

Den Anblick eines altehrwürdigen Exemplars dieser kletternden Variante von 'Cécile Brunner' in voller Blüte vergisst man nicht so leicht. Ihre Blütenfülle ist einfach überwältigend, jede Knospe eine Art Miniatur-Teehybride mit fast schnörkeligen Kronblättern. Geöffnet bilden die Blüten eine Rosette mit Knopfauge; ihre Farbe, zunächst klares Rosa, wird mit der Zeit heller. Die Sorte ist im Wesentlichen einmalblühend, öffnet aber noch vereinzelte weitere Blüten. 'Cécile Brunner', die Stammsorte, wird nur etwa 1 m hoch und remontiert sehr gut, ist ansonsten aber mit ihr identisch.

Rambling Rector

HÖHE *8 m* BREITE *5 m* BLÜTE *Einmalblühend*
KLASSE *Rambler-Rose* DUFT *Kräftig, Moschus*

Diese wüchsige Sorte lässt man besser an einem Baum hochklettern, als sie an einer Mauer zu erziehen, wo sie rasch zu einem nicht mehr zu bändigenden Monster heranwächst. Sie schiebt sich zwischen Äste, krallt sich mit ihren vielen Stacheln dort fest und bildet lange, intensiv duftende, hängende Büschel aus halbgefüllten, reinweißen Blüten. Sie werden bald abgelöst von kleinen orangen Hagebutten, die bis in den Winter hinein Bestand haben, aber irgendwann Vögeln zum Opfer fallen. 'Rambling Rector' braucht einen großen Baum, etwa eine Eiche, Buche oder Esche, denn kleinere Gehölze kann sie völlig überwuchern und ersticken. Überraschenderweise lässt sie sich auch als großer, schirmförmiger Hochstamm kultivieren, der aber ebenfalls reichlich Platz und eine gute Stütze braucht.

'Adélaïde d'Orléans'

'Climbing Cécile Brunner'

'American Pillar'

'Rambling Rector'

Blush Rambler

HÖHE *4 m* BREITE *3 m* BLÜTE *Einmalblühend*
KLASSE *Rambler-Rose* DUFT *Kräftig, Moschus*

Eine verlässliche Rambler-Rose. Ihre Blüten zeigen sich in zartem Rosa, allerdings mit unterschiedlichsten Tönungen. Es gibt nicht viele Rosen dieser Farbe, die zugleich robust, gesund und nicht zu wüchsig sind. Die Kronblätter fallen nach dem Verblühen sauber ab, was bei einer hohen Ramblerrose nicht unwichtig ist. Weitere Vorzüge sind der bezaubernde Moschusduft und die geringe Bestachelung. Die Sorte macht sich gut in mittelgroßen Bäumen, ist aber nicht so wüchsig, dass sie sich nicht auch für Pergolen eignen würde.

Rosa banksiae 'Lutea'

HÖHE *7 m* BREITE *3 m* BLÜTE *Einmalblühend*
KLASSE *Kletternde Wildrose* DUFT *Schwach*

Sieht man im Frühjahr eine wüchsige Kletterrose mit einer Unmenge kleiner gelber Blüten, handelt es sich vermutlich um *Rosa banksiae* 'Lutea', auch Meranrose genannt. Sie ist extrem blühwillig und begeistert mit ihrer Farbe Frühlingshungrige, ist allerdings nicht winterhart und braucht ein mildes, mediterranes Klima. Obwohl völlig stachellos, erklimmt sie dennoch Bäume und lässt sich dort leichter im Zaum halten als an Mauern. Die ungefüllte weiße Form, *R. banksiae* var. *normalis*, entsendet einen wundervollen Veilchenduft, der bei 'Lutea' leider nur schwach ausgeprägt ist.

Rosa banksiae 'Lutea'

'Blush Rambler'

Treasure Trove

HÖHE *10 m* BREITE *5 m* BLÜTE *Einmalblühend*
KLASSE *Rambler-Rose* DUFT *Mittel, süß*

Sie wurde als Sämling im Garten von John Treasure unter einer 'Kiftsgate' und in der Nähe einer 'Buff Beauty' entdeckt, was vermuten lässt, dass es sich bei den beiden um die Eltern handelt. Auf jeden Fall offenbart sie die gleiche extreme Wüchsigkeit wie 'Kiftsgate', während ihre mittelgroßen apricotfarbenen Blüten denen der 'Buff Beauty' ähneln. Sie verblassen mit der Zeit und bekommen bei Hitze manchmal einen deutlichen Rosaton. Weitere Vorzüge sind das intensiv gefärbte frische Laub und die mittelgroßen, rundlichen roten Hagebutten, die bis zum Spätwinter halten. Es gibt keine Sorte, die bei vergleichbarem Aussehen eine ähnliche Wuchskraft an den Tag legt.

'Treasure Trove'

ROSEN Pflege

Der optimale Start

Wer gesunde, reich blühende Rosen in seinem Garten haben möchte, muss erstens robuste, verlässliche, gegen Krankheiten widerstandsfähige Sorten pflanzen, zweitens den Boden gut vorbereiten und drittens die Sträucher richtig pflanzen. Für Punkt 1 ist der Rosenselektor da (S. 86–203), hinsichtlich Punkt 2 und 3 helfen Ihnen die folgenden Tipps weiter.

Wurzel- oder Ballenware?

Sobald Sie sich eine Sorte ausgesucht haben, geht es ans Kaufen. Es gibt in der Ruhephase befindliche Rosen, die nicht in Erde stecken, wurzelnackte Ware genannt, oder aktiv wachsende, meist blühende Pflanzen im Topf, als Containerware bezeichnet. Was aber nehmen?

Die Auswahl bei wurzelnackten Pflanzen ist wesentlich größer als bei Containerware. Man kann sie beispielsweise bei Spezialanbietern bestellen. Es gibt sie jedoch nur vom Frühwinter bis zum Frühling. Sie stammen aus der Feldkultur, werden für den Versand ausgegraben und lassen sich preiswert, unkompliziert und umweltfreundlich in kleinen, leichten Paketen verschicken. Weil sie zu dieser Zeit keine Blätter tragen, stresst sie der Umzug auch nicht oder kaum. Allerdings dürfen die Wurzeln zwischen Erhalt und Einpflanzen nicht austrocknen. Kann man die Rose nicht sofort setzen, etwa weil der Boden gefroren oder zu nass ist, schlägt man sie am besten ein. Das heißt, man gräbt ein Loch, in das die Wurzeln und die untersten 5 cm des Stamms gerade noch hineinpassen, bedeckt sie mit Erde und drückt sie fest. So lässt sie sich einige Zeit »zwischenlagern«.

Containerware gibt es ganzjährig in Gartencentern und im Versandhandel. Es sind Pflanzen in großen Töpfen mit Substrat, sie müssen vor der Lieferung monatelang gewässert und gepflegt werden. Wer vor Ort kauft, sollte prüfen, ob die Pflanze gesund ist und gut gepflegt wurde. Blühende Containerware sieht im Garten sofort gut aus, doch muss man den Umzugsstress durch zusätzliche Pflege und Aufmerksamkeit abfedern.

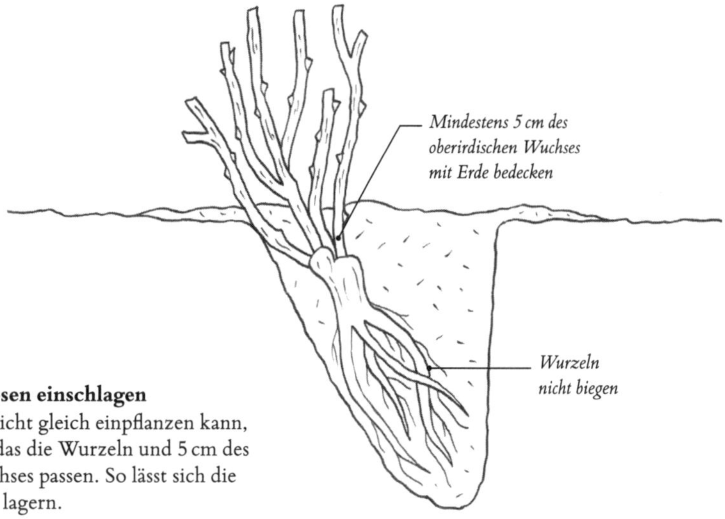

Wurzelnackte Rosen einschlagen
Wer Wurzelware nicht gleich einpflanzen kann, gräbt ein Loch, in das die Wurzeln und 5 cm des oberirdischen Wuchses passen. So lässt sich die Pflanze einige Zeit lagern.

Standortwahl

Rosen sind in der Regel nicht allzu wählerisch, wenn es um ihren Standort geht, vorausgesetzt, man kauft gute, robuste Sorten und sie bekommen im Sommer mindestens 5–6 Stunden volle Sonne am Tag. Es gibt aber Ausnahmen: Schattenverträgliche Rosen etwa kommen mit nur 3–4 Stunden täglich aus (S. 176–181). In heißen Gebieten tut ihnen etwas Schutz vor der sengenden Mittagssonne sogar gut. Selbst für windige Lagen gibt es passende Rosen, etwa Hybriden von *Rosa spinosissima* und *Rosa rugosa*.

Eine zusätzliche Herausforderung sind Standorte am Fuß einer Wand, vor allem einer nach Süden oder Osten gerichteten. Hier sind die Rosen zwar vor Wind und Regen geschützt, doch der Boden dürfte ungewöhnlich trocken sein. Sie brauchen eine mindestens 50 cm dicke Schicht guter Erde ohne Muttergestein oder gemauerte Fundamente darunter. Das Pflanzloch sollte möglichst groß ausgehoben werden. Arbeiten Sie zusätzlich organische Substanz in den Boden ein, damit er Feuchtigkeit besser speichert. Befindet sich der Standort unter einem Dachüberstand, muss die Rose entsprechend weit von der Wand entfernt gepflanzt werden, damit die Niederschläge sie erreichen. Zudem gießt man sie immer wieder durchdringend und mulcht jedes Jahr großzügig, um die Verdunstung von Bodenfeuchtigkeit zu verringern – am besten schon bevor die Rose sichtbar leidet.

Problematisch kann außerdem zu starker Konkurrenzdruck durch benachbarte Bäume und Hecken sein, vor allem, während die Rosen einwachsen. Ist der Boden stark durchwurzelt, pflanzt man sie am besten in einiger Entfernung oder schneidet die Wurzeln der Nachbargewächse zurück, damit die Rosenwurzeln mehr Raum zur Entfaltung haben. Rambler- und Wildrosen schlagen sich meistens besser und wachsen auch dann noch gut, wenn sie direkt neben den Stamm von Bäumen gesetzt werden, brauchen dort aber womöglich ein, zwei Jahre, bis sie sich gut eingelebt haben.

Gestehen Sie Ihrer Rose genug Platz zu. Als Richtwert für Pflanzabstände können Sie sich an den Angaben zur Höhe und Breite der jeweiligen Sorten auf S. 86–203 orientieren. In Hecken nimmt man die Strauchbreite geteilt durch zwei als Abstand zwischen den Einzelpflanzen.

Vorbereitung des Bodens

Rosen brauchen feuchtigkeitsspeichernde Böden, in denen sich jedoch nie die Nässe stauen darf. Für die Rosenkultur eignen sie sich, wenn sie weder aus schwerem Ton noch aus stark durchlässigem Sand bestehen. Im Grunde aber lassen sich alle Böden verbessern, indem man vor dem Einpflanzen reife organische Substanz einarbeitet und danach regelmäßig mulcht. Das hält Feuchtigkeit im Boden und ernährt die unzähligen Organismen, die für die Gesundheit des Erdreichs und der darin wachsenden Pflanzen unerlässlich sind. Der pH-Wert, der angibt, wie sauer bzw. alkalisch Böden sind, sollte in etwa im neutralen Bereich sein, also bei einem Wert von 7 liegen, wobei alles zwischen 6 und 7,5 unproblematisch ist. Es lohnt sich, etwas Zeit und gegebenenfalls auch Geld zu investieren, damit das Erdreich schon *vor* dem Bepflanzen so rosentauglich wie möglich gemacht wird, denn ein nachträgliches Verbessern des Erdreichs im Wurzelraum ist sehr schwer.

Als organische Substanz eignet sich selbst angesetzter Kompost und Tierdung, beides muss aber gut verrottet sein, da die Zersetzung Stickstoff verbraucht, welcher der Rose dann fehlt. Am einfachsten ist es vielleicht, einen Bodenverbesserer zu kaufen. Er besteht in der Regel aus einer Mixtur aus Tierdung und gut verrottetem Pflanzenmaterial. Selbst angesetzter Kompost und Stallmist dagegen enthält oft Unkrautsamen, was zusätzliche Arbeit verursachen kann. Aber ganz gleich welche organische Substanz zum Einsatz kommt, zu viel sollte man nicht verwenden. Ein, zwei Spaten voll pro Pflanzloch, in den Aushub gemischt, reichen, sofern die Erde halbwegs gut ist. Magere Böden vertragen auch eine Extraration, aber nicht mehr als ein Viertel der empfohlenen Menge zusätzlich. Die Substanz zersetzt sich und verschwindet, wodurch der Boden etwas einsinkt und die Erde um die Wurzeln schrumpft. Für Wildrosen und andere einmalblühende Formen muss der Boden aber oft gar nicht oder kaum verbessert werden.

Eine Rose ersetzen

Will man eine Rose dort pflanzen, wo zuvor schon eine andere stand, ist etwas Vorarbeit nötig, um Bodenmüdigkeit zu vermeiden. Diese Störung führt dazu, dass die neue Rose schlecht einwächst und kümmert. Oft liegt das einfach nur daran, dass die Erde ausgelaugt ist, etwa wenn sie jahrelang nicht gemulcht wurde oder verdichtet ist und keine Bodenorganismen mehr enthält, die eine Grundvoraussetzung für kräftiges Wachstum sind. Wenn der Boden, in dem die alte Pflanze wurzelte, in Ordnung ist, sich also leicht umgraben lässt und reichlich Würmer und andere Kleintiere enthält, kann man ihn ganz normal vorbereiten. Die Nachfolgerin wird gut wachsen, vor allem, wenn man vor dem Einsetzen Mykorrhiza-Pilzpulver streut.

Wenn Sie den Verdacht haben, dass der Boden müde ist, und nur ein paar wenige Rosen pflanzen möchten, verbessern Sie ihn am schnellsten, indem Sie für jede Pflanze ein 50 × 50 × 50 cm großes Loch ausheben und frische Erde einfüllen. Die frische Erde, die hineinkommt, sollte man aber sorgfältig auswählen. Gekauftes Substrat ist oft stark durchlässig, enthält wenig oder überhaupt keine organische Substanz, hat einen hohen pH-Wert und keine gute Struktur – lauter Eigenschaften, die Rosen nicht behagen. Bei einer oder zwei Rosen ist ein Austausch keine große Sache, aber wer ein Beet mit beispielsweise 20 Exemplaren hat, muss schon einen größeren Aufwand betreiben. Als Alternative bietet sich das Einarbeiten größerer Mengen reifer organischer Substanz und der Anbau einer Zwischenfrucht wie der hübschen, blaue Blüten tragenden *Phacelia tanacetifolia* über einen Zeitraum von zwei, drei Jahren an, bevor man neue Rosen pflanzt. Sie muss im Frühjahr direkt ins Freiland gesät und nach dem Verblühen in den Boden eingearbeitet werden.

Einpflanzen

Wurzelware darf nicht austrocknen. Man sollte sie in ihrer Originalverpackung an einem kühlen, frostfreien Ort lagern oder einschlagen (S. 206–207). Einige Stunden vor dem Einpflanzen holt man sie heraus und legt die Wurzeln in einen Eimer Wasser.

Das Substrat von Containerware ist oft trocken und der Wurzelballen lässt sich nur schwer durchfeuchten, sobald die Rose einmal im Boden ist.

Pflanzt man sie so ein, wie sie ist, leidet sie oft unter Stress, braucht länger zum Einwachsen und ist anfälliger für Schädlingsbefall und Krankheiten. Daher sollte man den Ballen gründlich einweichen, indem man ihn vor dem Einpflanzen etwa eine Stunde in einen Eimer mit Wasser steckt und anschließend abtropfen lässt. Ist der Ballen obendrein sehr stark durchwurzelt, sodass die Wurzeln am Rand schon spiralig wachsen, sollte man ihn auflockern und die Wurzeln entwirren, damit sie später im Boden leichter ins Erdreich vorstoßen können.

Das ausgehobene Pflanzloch muss so breit sein, dass die Wurzeln hineinpassen, ohne dass man sie biegen muss, und so tief, dass sich die Veredelungsstelle – also die Verdickung zwischen den grünen Trieben und braunen Wurzeln – etwa 5 cm unterhalb der Erdoberfläche befindet.

Während die Wurzeln noch nass sind, kann man sie mit Mykorrhiza-Pulver bestäuben. Diese Pilze unterstützen die Pflanzen bei der Aufnahme von Wasser und Nährstoffen aus dem Boden. Zudem deuten Untersuchungen darauf hin, dass Rosen mit ihrer Hilfe besser einwachsen und in magerem Erdreich besser gedeihen. Die Anwendung ist allerdings nur beim Einpflanzen sinnvoll, da der Pilz direkten Kontakt mit den Wurzeln braucht. Halten Sie die Rose beim Bestäuben am besten über das Pflanzloch, damit überschüssiges Pulver nicht verschwendet wird.

Die Rose muss in der passenden Tiefe gepflanzt werden. Dabei sollte sich die Stelle, an der der oberirdische Wuchs am unterirdischen – also den Wurzeln – ansetzt, ungefähr 5 cm unter der Erdoberfläche befinden. Ist die Rose richtig platziert, füllt man die Mischung aus Aushub und organischer Substanz ins Loch zurück und drückt die Pflanze gut, aber nicht zu stark fest. Nun wird gewässert, vor allem, wenn das Erdreich sehr trocken ist. Gerade Rosen aus dem Topf brauchen nach dem Einpflanzen sofort Wasser. Wenn man sie voll belaubt und im Sommer pflanzt, muss sie sogar noch in den Monaten darauf gut gegossen werden.

Umpflanzen

Selbst mehrere Jahre alte Rosen lassen sich noch gut umpflanzen. Am leichtesten kann man kleine Sorten umsiedeln: Bis zum Alter von etwa zehn Jahren sollte das kein Problem sein. Eine große Rambler-Rose mit ausgedehntem Wurzelsystem hingegen tut sich eventuell schon nach fünf Jahren schwer. Nehmen Sie die Rose im Winter auf und pflanzen Sie sie sofort um – aber nicht vergessen, vorher das Loch auszuheben! Sollte sich das verzögern, hält man die Wurzeln in einem Eimer Wasser feucht oder schlägt sie ein, bis man sie ordentlich pflanzen kann.

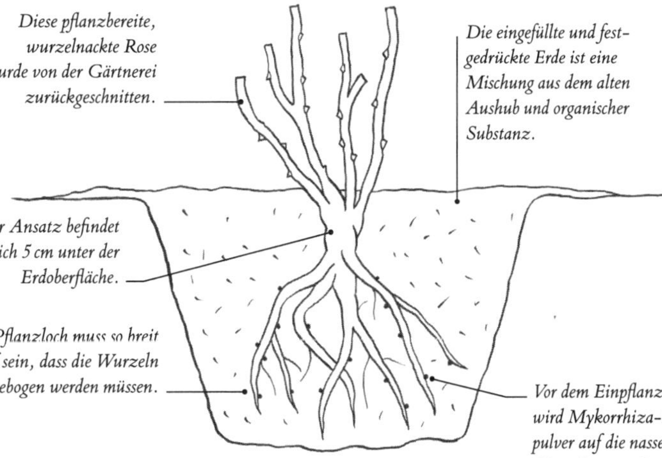

Eine Rose einpflanzen
Weichen Sie wurzelnackte Ware und Containerpflanzen vor dem Einpflanzen gut ein und wässern Sie auch danach noch einmal gut.

Pflege im ersten Jahr

Wurzelnackte Rosen brauchen im ersten Jahr kaum zusätzliche Wassergaben, sofern der Boden nicht gerade sehr stark austrocknet. Später gepflanzte Topfrosen hingegen müssen Sie regelmäßig gießen. Häufeln Sie um den Ansatz der Rose einen niedrigen, kreisförmigen Erdwall mit 60 cm Durchmesser an, damit das Wasser nicht oberflächlich abläuft, sondern direkt an den Wurzeln versickert.

Halten Sie einen Bereich um die Rose herum frei von Unkraut und sonstigem Bewuchs, vor allem in den ersten 1–2 Jahren. Ideal ist eine Mulchdecke mit einem Radius von 50–75 cm um den Ansatz herum. Sie verhindert die Verdunstung von Bodenfeuchtigkeit und düngt zudem die Rose.

Topfkultur

Die meisten Strauchrosen brauchen ein mindestens 50 cm breites und hohes Pflanzgefäß, Kletterpflanzen sogar Töpfe von wenigstens 60 cm Breite und Höhe. Je größer das Gefäß, desto mehr Wasser und Nährstoffe stehen den Rosen zur Verfügung, was das Risiko einer Unterversorgung senkt.

Als Substrat eignet sich hochwertige, torffreie Topferde oder ein Mix aus 1 Teil selbst angesetztem, reifem Kompost ohne Unkrautsamen und 1 Teil guter Gartenerde. Die Gartenerde trägt langfristig verfügbare Nährstoffe bei und speichert Wasser, während der Kompost das Substrat gut durchlüftet hält. Weil Gartenerde viel wiegt, stabilisiert sie den Topf, vor allem, wenn er aus Kunststoff ist. Es lohnt sich außerdem, das Gefäß auf Füße zu stellen, damit die Pflanze bei Regen nicht im Wasser steht.

Rosen in Töpfen müssen regelmäßig und reichlich gewässert werden. Wichtig ist dabei, bis in etwa 15 cm Tiefe zu prüfen, wie feucht das Substrat ist. Topferde zieht sich beim Austrocknen oft zusammen, sodass das Wasser seitlich vorbei direkt zum Topfboden läuft. Ist das der Fall, muss eine Zeit lang häufiger gewässert werden, bis der Ballen wieder durchfeuchtet ist.

Vermehrung von Rosen

Bei der gewerblichen Rosenproduktion ist als Veredelungsmethode die Okulation üblich. Dabei wird ein einzelnes Auge, also eine ruhende Knospe, vorsichtig hinter die Rinde einer Unterlage geschoben und bedeckt. Sobald es im Hochwinter festgewachsen ist, schneidet man den Wuchs oberhalb des Auges ab, was sein Wachstum anregt. Die Okulation erfordert Geschick und eine geeignete Unterlage und wird am besten Fachleuten überlassen.

Hobbygärtner können ihre Rosen stattdessen über Stecklinge vermehren. Das funktioniert bei den meisten Sorten, nur ein kleiner Teil ziert sich oder verweigert sich komplett. Stecklinge nimmt man idealerweise im Sommer oder Herbst, denn in dieser Zeit tragen Rosen die dafür geeigneten halbreifen, biegsamen Triebe, die erst kurz vorher geblüht haben. Jeder Steckling sollte 15–20 cm lang sein. Da sich aus jeder Stelle am grünen Holz Wurzeln bilden können, ist es nicht so wichtig, wie nah an einer Knospe man ihn abschneidet. Zwicken Sie aber die Triebspitze und zu langen weichen Wuchs darunter ab und lassen Sie nur 2–3 Blätter stehen. Anschließend kommt jeder Steckling zur Hälfte an einem geschützten Platz ins Freiland oder in einen Topf mit torffreier Aussaat- und Stecklingserde, der an einem schattigen Platz im Gewächshaus oder Frühbeet steht. Wässern Sie Stecklinge gut und halten Sie das Substrat feucht. Sobald sie kräftig austreiben und ein gutes Wurzelsystem entwickelt haben, was je nach Wärme zwischen ein paar Wochen bis zu einem Jahr dauern kann, siedelt man sie in ein offeneres Anzuchtbeet oder einen größeren Topf um. Vorsicht: Ein zu früher Standortwechsel kann Jungpflanzen den Garaus machen, denn ihre frischen Wurzeln sind sehr empfindlich.

Eine weitere Vermehrungsmethode ist das Absenken. Es eignet sich für Sorten, deren Triebe sich gut bis zum Boden biegen lassen, etwa Rambler- und Bodendeckerrosen. Beim Absenken schneidet man einen Trieb an, versenkt ein Stück im Boden und klammert ihn dort fest. Nach rund einem

Jahr sollten sich Wurzeln gebildet haben, sodass man die bewurzelte Tochterpflanze von der Mutterpflanze trennen und umpflanzen kann.

Samen von Gartenrosen liefern Pflanzen, die sich von der Elternpflanze unterscheiden. Leider fallen sie fast immer schlechter aus, aber man kann es versuchen. Dazu legt man reife Hagebutten zwei Monate im Plastikbeutel in den Kühlschrank. Nach der Aussaat stellt man das Gefäß an einen hellen, mäßig warmen Platz bei unter 15 °C, höhere Temperaturen hemmen die Keimung. Genau so entstehen neue Sorten, obwohl man Zehntausende Samen braucht, um eine einzige gartentaugliche Rose zu bekommen.

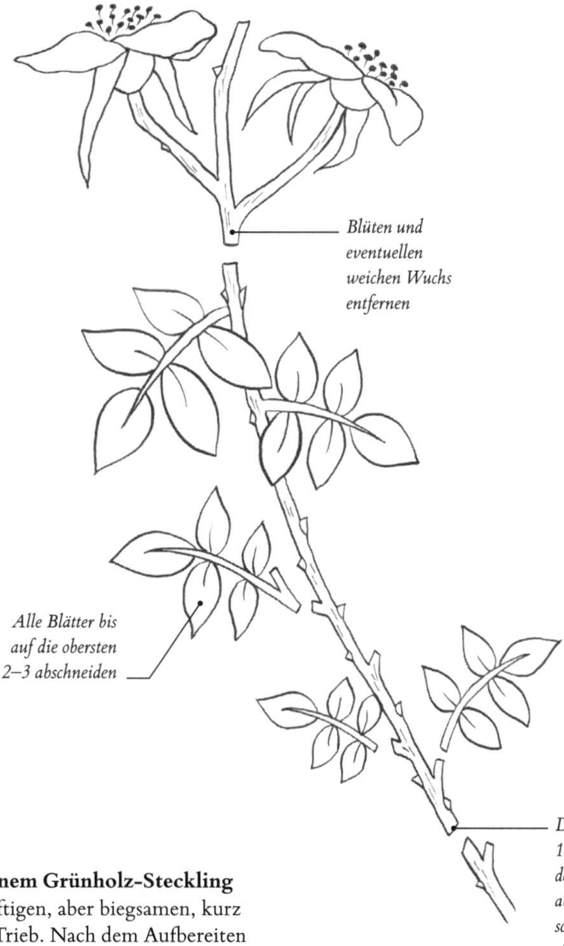

Vermehrung mit einem Grünholz-Steckling
Suchen Sie einen kräftigen, aber biegsamen, kurz vorher abgeblühten Trieb. Nach dem Aufbereiten steckt man ihn zur Hälfte an einem geschützten Platz in den Boden oder in einen Topf mit torffreier Aussaat- und Stecklingserde, der in ein schattiges Frühbeet oder ins Gewächshaus gestellt wird.

Laufende Pflege

Wildrosen und ihre Hybriden kann man im Prinzip sich selbst überlassen, sobald sie eingewachsen sind. Aber den meisten anderen Rosen tut ein bisschen Zuwendung gut.

Jäten und Mulchen

Damit Rosen gesund bleiben, muss ihre Umgebung frei gehalten werden, um Konkurrenzdruck zu vermeiden. Sehen Sie deshalb regelmäßig nach, ob Unkräuter, wüchsige Nachbarn oder andere Pflanzen sie bedrängen, und entfernen Sie alles, was ihnen zu nahe kommt. Das gewährleistet eine gute Durchlüftung, die Pilzkrankheiten vorbeugt.

Damit Rosen (wie überhaupt alle Pflanzen) gedeihen, muss der Boden in gutem Zustand sein. Das erreicht man am besten durch regelmäßiges Mulchen. Eine Mulchschicht schützt den Boden vor Erosion, senkt die Verdunstungsrate von Bodenwasser, unterdrückt Unkraut und verhindert eine Verdichtung. Vor allem aber fördert sie die Ausbreitung der unzähligen Bodenorganismen, die das Erdreich gesund halten und wird durch diese zu wertvollem Humus.

Unter Mulch versteht man einfach eine Lage organischer Substanz, die auf dem Boden verteilt wird. Das Material muss nicht unbedingt gut verrottet sein, denn es bleibt auf der Oberfläche. Wichtig ist nur, dass es keine Unkrautsamen enthält. Es kann aus Hackschnitzeln, Stallmist, Gartenkompost, alter Topferde oder Pilzsubstrat (Letzteres aber nur, wenn der Boden-pH-Wert kleiner 7 ist, denn es ist recht alkalisch) bestehen. Mulch sollte nicht zu feinkörnig sein, da er sonst nicht mehr genug Regen- oder Gießwasser durchlässt.

Mulch wird am besten nach dem Schnitt (S. 217–222) ausgebracht, denn in dieser Zeit gelangt man noch bequem zwischen die Pflanzen, ohne frische Triebe abzubrechen. Verteilen Sie die Substanz 5–10 cm dick. Gegebenenfalls muss im Lauf des Jahres an Stellen, an denen sie zu dünn aufgetragen wurde, nachgestreut werden.

Wässern

Rosen überstehen zwar längere Durststrecken, aber wenn sie gut wachsen und viele lange haltende Blüten ansetzen sollen, brauchen ihre Wurzeln ausreichend Feuchtigkeit. Ob Sie wässern müssen, hängt natürlich vom Wetter und der Durchlässigkeit Ihres Bodens ab. Wie feucht er ist, finden Sie am einfachsten heraus, indem Sie hin und wieder ein kleines Loch 15–20 cm tief ausheben. Fühlt sich der Boden der Minigrube trocken oder nur leicht feucht an, sollte man ordentlich wässern. Gelegentliches reichliches Gießen ist besser als häufiges und moderates, damit die Pflanzen ihre Wurzeln weit in die Tiefe schicken. Eine automatische Tropfbewässerung kann zwar sinnvoll sein, muss aber gut im Auge behalten werden, damit sie keine Staunässe verursacht oder umgekehrt nur die Erdoberfläche anfeuchtet.

Beim Wässern darf das Laub nicht nass werden, da dadurch die Ausbreitung vieler Krankheiten gefördert wird. Wer einen Sprinkler einsetzt oder ein Anfeuchten des Laubs mit dem Schlauch nicht verhindern kann, wässert am besten kurz vor der wärmsten Tageszeit, da das Laub dann schnell abtrocknet. Frühmorgens oder abends dagegen bleibt es stundenlang nass.

Düngen

Rosen müssen zwar nicht unbedingt gedüngt werden, doch die meisten Sorten profitieren von zusätzlichen Nährstoffen, vor allem jene, die lange blühen, da das ihre Energiespeicher leeren kann. Jedes Düngergranulat mit einem Stickstoff-Phosphor-Kalium-Verhältnis von 5:5:10 ist geeignet – der Phosphorgehalt unterstützt die Blütenbildung. Vermeiden sollte man Dünger mit hohem Stickstoffanteil, denn er fördert die Bildung von viel weichem Wuchs, der zum einen die Blüten nicht mehr so gut tragen kann und zum anderen anfälliger für Schädlinge und Krankheiten ist.

Die erste Düngergabe sollte beim Austrieb erfolgen, die zweite zu Beginn der ersten Blüte. Eine dritte Dosis ist eventuell im Spätsommer hilfreich, später sollte aber nicht mehr gedüngt werden, da sonst frischer, frostempfindlicher Wuchs entsteht. Düngen Sie nie mehr als angegeben, Sie richten sonst mehr Schaden an, als Sie Gutes tun. Verteilen Sie das Granulat gleichmäßig unter dem Busch und wässern Sie, wenn es nicht regnet.

Blattdünger können Rosen widerstandsfähiger gegen Krankheiten machen. Besonders wirksam scheinen Seetangpräparate zu sein. Das gilt auch für Beinwell- und Brennnesseljauche (die allerdings stinken).

Wildrosen und ihre nahen Hybriden müssen meist gar nicht gedüngt werden. Einmalblühenden Sorten reicht eine einzige Gabe im Frühjahr.

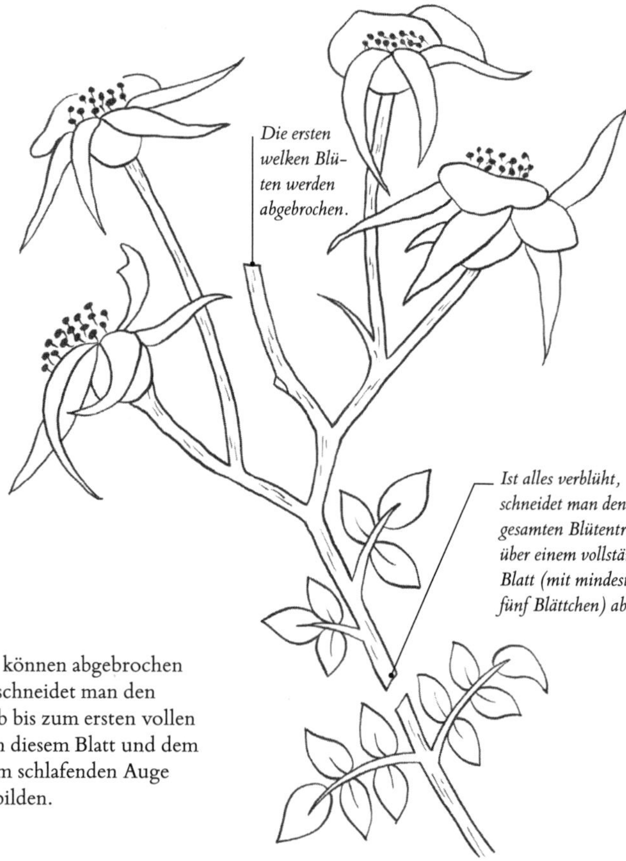

Welkes muss weg
Einzelne welke Blüten können abgebrochen werden. Zum Schluss schneidet man den kompletten Blütentrieb bis zum ersten vollen Blatt zurück. Zwischen diesem Blatt und dem Ast sollte sich aus einem schlafenden Auge ein neuer Blütentrieb bilden.

Abzwicken welker Blüten

Ein regelmäßiges Abschneiden verwelkter Blüten sorgt dafür, dass die Rose schön bleibt und weiter blüht. Das ist vor allem dann wichtig, wenn die Kronblätter nicht sauber abfallen und der Strauch von welkem Flor verunstaltet wird. Sind alle Blüten eines Büschels verblüht, schneidet man den ganzen Trieb mit der Gartenschere bis zum ersten richtigen Blatt (eines mit 5–7 Blättchen) zurück. Zu spät sollte das aber nicht erfolgen, sonst bildet sich zu viel frischer, weicher Wuchs, der anfälliger für Frostschäden ist.

Einmalblühende Sorten müssen nicht ausgeputzt werden, sofern ihr Aussehen nicht beeinträchtigt ist. Kultiviert man eine Rose wegen ihrer Hagebutten, muss man ihr welke Blüten sogar belassen. Wer nicht auf die späten Blüten verzichten möchte, kann auch ausprobieren, nur die Hälfte der welken Blüten abzuzwicken oder erst im Spätsommer damit anzufangen und zu sehen, ob in der Zwischenzeit trotzdem Hagebutten reifen.

Schnitt und Erziehung

Über den Schnitt von Rosen wurde schon viel geschrieben. Es gibt unzählige Tipps über die richtigen Methoden und was beim Schneiden unbedingt zu beachten ist. So wurde aus einer relativ einfachen Arbeit eine scheinbar sehr komplizierte.

Viele »Vorschriften« stammen noch aus einer Zeit, als Rosen für Ausstellungen kultiviert wurden. Sie waren für Züchter gedacht, die die perfekte Blüte für Wettbewerbe anstrebten. Dabei kamen Sorten zum Einsatz, die wenig Ähnlichkeit mit den allermeisten Rosen von heute hatten.

Rosen werden geschnitten, damit man eine ausgewogen geformte Pflanze bekommt, die so viel – und so schön – wie möglich blüht. Durch einen Schnitt hält man sie außerdem so groß, dass sie an den ihr zugestandenen Platz passt. Schließlich dient das Zurückstutzen noch dazu, Schädlinge und Krankheiten zu begrenzen, die auf Blättern und älteren Trieben überwintern. Das Ausdünnen der Sträucher sorgt für einen guten Luftaustausch und regt die Rose zu gesundem neuem Wuchs an.

Für jede Gruppe den passenden Schnitt

Angesichts der vielen Formen und Wuchsvarianten verwundert es nicht, dass es für jede Rosengruppe und -klasse eine eigene Schnittmethode gibt. Gleichzeitig sollte man nicht vergessen, dass ein mutmaßlich schlechter Schnitt einer Rose nie dauerhaft Schaden zufügt. Durch Versuch und Irrtum sowie gute Beobachtung werden Sie mit jedem Jahr sicherer.

Öfterblühende Rosen sowie Kletter- und Rambler-Rosen sind vermutlich die häufigsten von Hobbygärtnern kultivierten Rosen. Auf ihren Schnitt wird im Detail auf S. 218–220 eingegangen. Alle anderen Rosen werden wie folgt geschnitten.

Wildrosen und ihre Hybriden

Sie sollten überhaupt nicht geschnitten werden. Seit Millionen von Jahren wachsen sie frohgemut ungeschnitten – ein Stutzen würde nur ihre Form verderben und die Zahl der Blüten und Hagebutten reduzieren. Nach ein, zwei Jahrzehnten schneidet man höchstens den einen oder anderen großen, holzigen Trieb bis zum Ansatz zurück, um die Pflanze zu verjüngen.

Einmalblühende Rosen und Teerosen

Obwohl man sie genauso wie öfterblühende Strauchrosen schneiden kann, gibt es gute Gründe für eine geringfügig andere Behandlung der einmalblühenden Sorten (zu denen im Großen und Ganzen die Gallica-, Damaszener-, Alba- und Moosrosen sowie Zentifolien zählen). Diese Alten Rosen haben ihren ganz eigenen Charakter, der bei einem zu starken Stutzen leicht verloren gehen kann. Deshalb beschränkt man sich am besten auf einen leichten Schnitt, bei dem die Höhe des Strauchs um etwa ein Viertel reduziert und der eine oder andere aus der Reihe tanzende Trieb bewusst behalten wird. Kranke oder aneinanderreibende Triebe müssen zwar heraus, doch zu sehr auslichten oder aufräumen sollte man nicht.

Teerosen blühen mehr oder weniger durchgehend und reagieren sehr empfindlich auf zu starken Schnitt. Ist der Busch ein paar Jahre alt, nimmt man lediglich jährlich ein, zwei der am wenigsten blühfreudigen Triebe heraus, um einen Neuaustrieb aus dem Ansatz zu fördern.

Teehybriden und Floribunda-Rosen

Sie müssen eventuell etwas stärker geschnitten werden als andere Strauchrosen (siehe unten). Das bewahrt ihre Form und verhindert, dass Triebe überlang werden. Wer größere Blüten an kräftigeren Trieben bevorzugt, wie man sie auf Blumenschauen sieht, kann sie auch wesentlich radikaler schneiden, doch schwächt man sie damit und verkürzt ihr Leben.

Hochstämme

Sie sollten stärker geschnitten werden als Exemplare der gleichen Sorte ohne Hochstamm, denn wenn die Krone zu groß und kopflastig wird, kann die Rose brechen oder umgeweht werden. Schneiden Sie die Krone rund.

Öfterblühende Strauchrosen

Der einfachste Schnitt von Strauchrosen – also von allen Rosen, die keine Wild-, Kletter- oder Rambler-Rosen sind – besteht darin, ihre Höhe um etwa die Hälfte zu reduzieren, je nachdem, wie hoch sie am jeweiligen

Standort sein soll. Ein starker Schnitt ergibt eine niedrigere Pflanze, ein leichter eine höhere. Bessere Ergebnisse aber erzielt man, wenn man schon vor dem Schneiden weiß, wie eine Rose wächst und blüht.

Sehen Sie sich Ihre Rose an: Die Blüten sitzen an Seitentrieben, die aus dem Hauptstamm entspringen. Mit dem Beginn des Neuaustriebs (S. 220–221) müssen diese Seitentriebe auf 10–15 cm Länge eingekürzt werden. Das regt die Pflanze zur Bildung weiterer Seitentriebe an, die noch im selben Jahr blühen. Nicht blühende Triebe werden ebenso gestutzt.

Alte Triebe mit rauer, brauner statt glatter, grüner Borke werden ganz herausgenommen. Sie tragen vermutlich nur noch minderwertige Blüten und wachsen an der Spitze kaum mehr. Außerdem leiden sie oft unter Krankheiten. Auch abgestorbene oder ungewöhnlich schwache Triebe sowie noch haftende Blätter müssen weg.

Wirken bereits alle Triebe sehr alt und verbraucht, sollten Sie einen Verjüngungsschnitt in Betracht ziehen (S. 221).

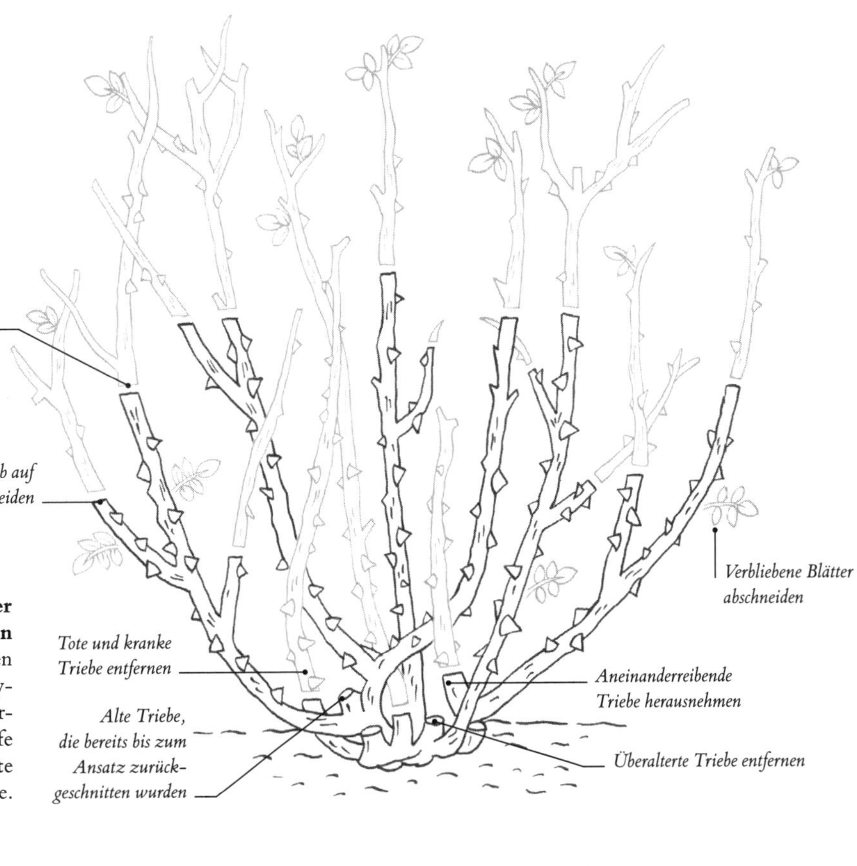

Schnitt öfterblühender Strauchrosen
In Mitteleuropa werden Rosen etwa Ende März zur Forsythienblüte geschnitten. Besorgen Sie sich dafür eine scharfe Gartenschere und stacheldichte Handschuhe.

Wenn Sie mit dem Schneiden fertig sind, treten Sie am besten zurück und sehen sich die Pflanze an. Wirkt sie ausgewogen? Hat sie die gewünschte Größe und Form? Wurden alle toten und kranken Triebe entfernt? Justieren Sie bei Bedarf nach und nehmen Sie auch alle Blätter heraus, die noch an den Trieben geblieben sind, denn sie transportieren Schädlinge und Krankheiten von einer Saison zur nächsten. Empfehlenswert ist außerdem, den Boden um die Rosen herum zu jäten und zu mulchen, um abgefallenes Laub zu bedecken, das Krankheiten und Schädlinge tragen kann.

Kletter- und Rambler-Rosen

Bei Kletter- und Rambler-Rosen ist die Auswahl der geeigneten Sorte für den anvisierten Standort wesentlich wichtiger als der richtige Schnitt. Die Wüchsigkeit der Sorte muss zur Größe des Gebäudes bzw. der Stütze passen, der begrünt werden soll. Lassen Sie sich nicht zum Pflanzen einer Sorte verleiten, die das obere Ende der Mauer oder des Obelisken schon nach ein, zwei Jahren erreicht, denn sie wächst einfach immer weiter nach oben und wird dadurch zum Problem.

Kletter- und Rambler-Rosen, die Sie an einer Stütze wie etwa einem Zaun oder einem Bogen (S. 222) erziehen möchten, können auf die gleiche Art und Weise geschnitten werden. Beide werden ähnlich behandelt wie öfterblühende Sträucher – mit dem einzigen Unterschied, dass die blühenden Seitentriebe an wesentlich längeren Haupttrieben sitzen. Lassen Sie die Haupttriebe so lange werden, wie Sie möchten, und kürzen Sie die Seitentriebe auf etwa 5–15 cm ein – je nachdem, wie sauber und ausgewogen die Pflanze aussehen soll. Wenn Sie einen dichten Wuchs bevorzugen, schneiden Sie die Seitentriebe auf 1–2 Augen bzw. etwa 5 cm zurück. Falls Sie ein natürlicheres, wilderes Aussehen bevorzugen, lassen Sie sie länger. Nach dem Schnitt bilden die Seitentriebe wie bei Strauchrosen ihrerseits wieder Seitentriebe, die im folgenden Winter genauso geschnitten werden sollten. Das kann man so fortführen, bis der ursprüngliche Haupttrieb alt und verbraucht aussieht und dann komplett entfernt wird.

Rambler an Bäumen lassen sich nicht schneiden und werden daher in Ruhe gelassen. Sie kommen auch ohne Schnitt bestens zurecht.

Wie schneiden?

Ungeachtet der Klimazone, in der Sie leben, gilt als Faustregel: Geschnitten wird, sobald die Rose auszutreiben beginnt. Schneidet man früher, kann es sein, dass sich zu früh frostanfällige Triebe bilden. Erledigt man es zu spät, opfert man viele bereits vorhandene, frische Triebe, die weg müssen oder versehentlich abgebrochen werden, was zudem die Blüte verzögert.

Im mitteleuropäischen Klima ist der März der ideale Schnittzeitpunkt. In mediterranen Regionen mit wenigen schwachen Frösten kann man mit dem Schneiden schon Ende November oder Anfang Dezember beginnen, sollte aber Ende Januar damit fertig sein. In heißen Ländern können sich die Sträucher auch im Hochsommer in einer Ruhephase befinden, weshalb sich diese Jahreszeit hier für den Hauptschnitt eignet.

Bildet eine Rose zum Jahresende noch einmal lange Triebe, sollte man sie um ein Drittel einkürzen, damit sie nicht von Winterböen abgebrochen werden und die Pflanze in der kalten Jahreszeit ordentlich aussieht.

Das einzige Werkzeug, das Sie für fast alle Schneidearbeiten brauchen, ist eine hochwertige, scharfe Gartenschere. Haben Sie eine alte Rose mit dicken Trieben, ist außerdem eine Astschere oder Baumsäge sinnvoll. Ein Muss sind Handschuhe: Sie sollten so dick sein, dass Stacheln sie nicht durchdringen, aber nicht so dick, dass Sie kaum damit arbeiten können.

Die meisten »Regeln« über das Wie und Wo des Schneidens von Rosentrieben können Sie ignorieren. Manche bestehen darauf, Triebe schräg zu schneiden, doch spielt das keine Rolle. Diese Empfehlung stammt womöglich aus einer Zeit, als es noch keine Gartenscheren gab und man mit Messern schneiden musste. Ein Schnitt quer durch den Trieb ist besser, denn die Schnittfläche fällt so kleiner aus. Auch die Entfernung zwischen Schnitt und Auge spielt keine allzu große Rolle. Schneidet man ein paar Zentimeter über dem Auge, kann dieses Stück zwar absterben, doch hat das kaum je negative Folgen; außerdem wird der Stummel sowieso bald vom Laub kaschiert. Das Leben ist auch zu kurz, um sich Gedanken über nach außen zeigende Knospen zu machen! Konzentrieren Sie sich lieber darauf, den Trieb so zu schneiden, dass die Rose eine schöne Gesamtform entwickelt.

Verjüngung einer vernachlässigten Rose

Wurde eine Rose ein paar Jahre lang nicht gut – oder überhaupt nicht – geschnitten, bilden sich alte, verholzte Triebe, während die Rose gleichzeitig zu hoch wird. Dieses Manko lässt sich ganz einfach dadurch beheben, dass man alle Triebe radikal bis auf 30 cm Länge zurückstutzt. Das kann man in einer einzigen Saison auf einmal erledigen oder, falls der Strauch etwas schwach wirkt, auf zwei Jahre verteilen. Mit etwas Glück bilden sich im Frühjahr frische Triebe scheinbar aus dem Nichts und lassen die Rose wieder jung und frisch aussehen.

Eine kletternde Rose erziehen

Die einfachste Stütze sind rostfreie Schrauben, die in regelmäßigen Abständen in die Wand gebohrt werden. Sie sollten 2–3 cm weit aus ihr herausragen und insgesamt 7,5 cm lang sein. Schnell und einfach aufgestellt sind Rankgitter. Die Triebe werden allerdings an ihre Vorderseite gebunden statt hinter sie gesteckt, denn sonst kann ein Schneiden älterer Triebe fast unmöglich werden – zudem die Pflanzenmasse das Gitter mit der Zeit von der Wand wegdrücken kann. Ein relativ unauffälliges Stützsystem sind Drähte, die mit 50 cm Abstand zueinander zwischen Ösenschrauben vor die Mauer gespannt werden. Spanner verhindern ein Durchhängen. Die Triebe werden auch hier vorn an den Drähten befestigt und nicht dahinter.

Rosen werden am besten mit einer Schnur an ihre Stütze gebunden. Die Schnur muss so fest sein, dass sie auch bei starkem Wind nicht reißt. Binden Sie die Triebe locker an, damit sie Platz zum Wachsen und Dickerwerden haben. Als Alternative zu Schnüren bieten sich hohle, dehnbare Kunststoffschläuche an. Nicht geeignet sind Drähte, da sie in das Holz schneiden.

Horizontal oder diagonal erzogene Triebe setzen mehr Blüten an als vertikale. Versuchen Sie deshalb, sie fächerartig zu verteilen, um die vorhandene Fläche optimal zu bedecken. Binden Sie die Triebe mit einer weichen Schnur an die Schrauben oder Drähte.

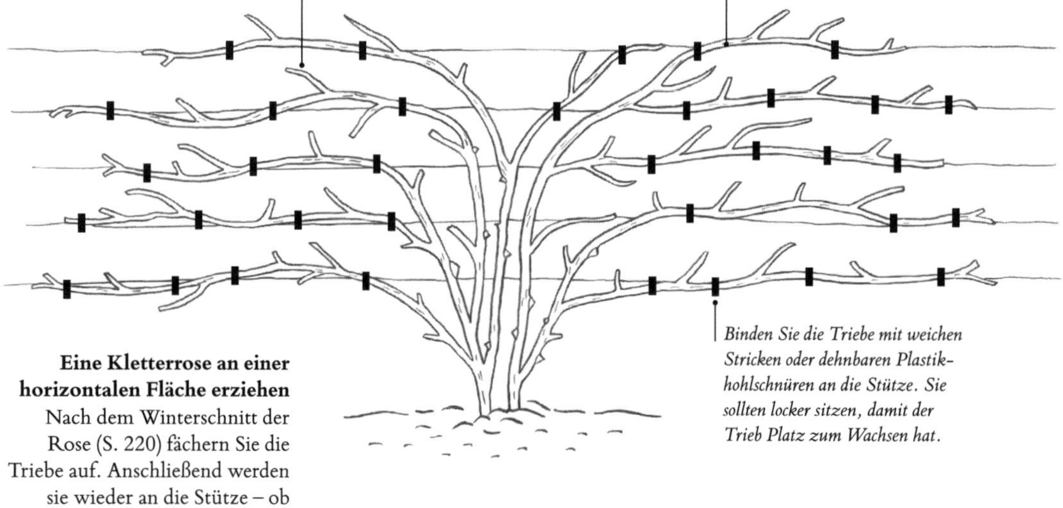

Eine Kletterrose an einer horizontalen Fläche erziehen Nach dem Winterschnitt der Rose (S. 220) fächern Sie die Triebe auf. Anschließend werden sie wieder an die Stütze – ob Drähte, Gitter oder Schrauben – gebunden.

Was tun, wenn die Rose kümmert?

Am leichtesten lassen sich Probleme lösen, wenn man sie früh entdeckt. In den meisten Fällen ist Abhilfe möglich – wenn auch im schlimmsten Fall dadurch, dass man die Pflanze komplett entfernt.

Vorbeugen ist besser als Heilen

Am einfachsten verhindert man Krankheiten, indem man widerstandsfähige Sorten pflanzt und den Boden vor dem Einsetzen gut vorbereitet (S. 208–209). Bewährt hat es sich auch, Rosen mit anderen Gewächsen zu mischen. Dadurch wird es für Schädlinge und Krankheiten schwerer, von einer Rose zur nächsten zu gelangen. Zudem ruft der bunte Mix Nützlinge auf den Plan, die Schädlinge dezimieren helfen. Gestehen Sie jeder Rose ausreichend Platz zu, damit eine gute Luftzirkulation gewährleistet ist und die Blätter schnell trocknen. Auch gekonntes Schneiden sowie regelmäßiges Mulchen, Düngen und Wässern hält Rosen fit.

Je seltener Krankheiten generell in Ihrem Garten sind, desto gesünder bleiben Ihre Rosen, denn es sind weniger Erreger unterwegs. Sollte eine Rose trotz aller Bemühungen erkranken und sich nicht wieder kurieren lassen, ersetzen Sie sie am besten durch eine resistentere Sorte. Wenn Sie sie an denselben Standort wie das alte Exemplar setzen, muss der Boden vor dem Einpflanzen allerdings gut verbessert werden (S. 209).

Schädlinge und Krankheiten können an Rosen gut überwintern – je älter ein Trieb, desto größer die Wahrscheinlichkeit. Entfernen Sie deshalb alte Triebe beim Schnitt im Frühjahr so, dass sie von frischen ersetzt werden können. Gleichzeitig wird altes Laub abgeschnitten und abgefallenes unter einer dicken Mulchschicht begraben – auch das senkt das Neuinfektionsrisiko im Frühjahr. Je radikaler Sie schneiden, desto größer die Chance, dass Sie Schädlinge und Krankheiten mit entfernen. Allerdings muss man auch abwägen, denn ein zu starker Schnitt verkürzt die Lebensspanne der Rose.

Symptome erkennen

Wenn Sie Ihre Rose gut im Blick behalten und Probleme früh erkennen, sind die Erfolgschancen bei einer Behandlung wesentlich größer.

Schwacher Wuchs

Manchmal sehen Pflanzen einfach nur schlecht aus. Sie wachsen langsam, blühen kaum oder zumindest nicht so gut, wie sie sollten.

- **Muss die Rose mit anderen Pflanzen konkurrieren?** Ein dichter Pflanzenteppich um den Ansatz herum entzieht der Rose Wasser und Nährstoffe und hungert sie so aus. Jäten Sie alles und mulchen Sie die Fläche mit organischer Substanz. Auch ein Baum oder eine Hecke in der Nähe können der Rose Wasser und Nährstoffe wegnehmen, vor allem Buchsbaum und Eiben, deren Wurzeln oberflächennah wachsen. Man kann die Wurzeln zurückschneiden oder die Ausbreitung mit einer dicken Plastikfolie verhindern, die bis in etwa 30 cm Tiefe im Boden versenkt wird.
- **Bekommt die Rose genug Sonne?** Die meisten Rosen brauchen während der Wachstumsphase mindestens sechs Sonnenstunden täglich – selbst die schattenverträglichen Sorten (S. 176–181) fordern noch vier Stunden ein. Wenn Nachbarpflanzen die Rose beschatten, müssen sie zurückgeschnitten werden. Ansonsten bleibt nur noch, die Rose im Winter an einen besseren Standort umzupflanzen (S. 210).
- **Ist der Boden zu sauer oder alkalisch?** Rosen bevorzugen einen pH-Wert im neutralen Bereich von etwa 6–7,5. Mit einem Testset lässt sich der Boden-pH-Wert einfach bestimmen. Ist das Erdreich zu sauer, kann man es kalken. Alkalische Böden saurer zu bekommen ist schwieriger, aber ebenfalls möglich, etwa mit Schwefelblüte.
- **Ist der Boden staunass oder trocknet zu schnell aus?** Rosen vertragen zwar viele Böden, aber Extreme wie schweren Ton oder sandiges Erdreich mögen sie nicht. Beide lassen sich zwar mit viel reifer organischer Substanz verbessern, doch muss das vor dem Einpflanzen geschehen. Deshalb ist ein Umpflanzen (S. 210) die einzige Möglichkeit, hier Abhilfe zu schaffen. Wenn Sie problematische Böden frisch bepflanzen, nehmen Sie Sorten, die für naturnahe Flächen empfohlen werden (S. 136–141).
- **Wurde die Rose dort gepflanzt, wo vorher schon eine andere Rose stand?** Tauscht man eine Rose durch eine andere aus, droht Bodenmüdigkeit, die zu Kümmerwuchs führt. Ist der Boden noch in halbwegs erträglichem Zustand, verbessert man ihn mit reichlich gut verrotteter organischer Substanz und Mykorrhiza-Pulver. Ist er dagegen völlig ausgelaugt, kann es auch sein, dass man ihn ersetzen muss (S. 209).

Ist ein Grund für Kümmerwuchs nicht erkennbar, kann Nährstoffmangel oder -überschuss die Ursache sein. Das findet man nur heraus, wenn man eine Bodenprobe in ein Labor schickt. Am häufigsten ist ein Kalium- oder Phosphordefizit oder -überangebot. Ein Mangel lässt sich durch Ausbringen eines entsprechenden Düngers beheben. Ein Überschuss entsteht oft durch zu starkes Düngen. In diesem Fall ist schnelle Abhilfe nicht möglich, sondern dauert Jahre. In dieser Zeit darf man höchstens moderate Mengen Stickstoff (möglichst in organischer Form) ausbringen. Zu viel fördert die Entstehung langer, schwacher, anfälliger Triebe.

Nicht vergessen sollte man außerdem, dass selbst gut gepflegte Rosen eine begrenzte Lebenserwartung haben. Sie hängt von der Klasse und den Wuchsbedingungen ab. Nach 15–20 Jahren verlieren viele Strauchrosen ihre Kraft. Kletter-, Rambler- und einmalblühende Alte Rosen sowie Wildrosen werden älter – sie erreichen mitunter mehr als 100 Jahre.

Ungewöhnliche Triebe

Fast alle Rosen in Europa sind veredelt. In den meisten Fällen handelt es sich bei der Unterlage um *Rosa laxa*, gelegentlich auch um *Rosa multiflora*. Andernorts, vor allem in Nordamerika und Australien, kommen 'Dr. Huey' und die weiße Rambler-Rose *Rosa fortuneana* zum Einsatz. Veredelung fördert einen kräftigen Wuchs, sodass die Pflanze baldmöglichst eine verkaufbare Größe erreicht. Leider treiben mitunter auch die Unterlagen selbst neben der Veredelungsstelle aus. Diese Wildtriebe können die veredelten Teile komplett überwuchern, wenn sie nicht sofort entfernt werden. Am einfachsten erkennt man Triebe von *R. laxa* und *R. multiflora* an den frischen Blättern: Sind sie ganz leicht rot überlaufen, handelt es sich nicht um Wildtriebe. Sind sie reingrün und unterscheiden sich in der Zahl der Blättchen, der Form und der Stacheldichte von den Trieben der restlichen Rose, handelt es sich um Wildtriebe. Man greift in die Erde und zieht sie heraus oder schneidet sie direkt dort ab, wo sie an der Wurzel ansetzen.

Ganz eindeutig verrät sich der Wildtrieb, wenn er blüht. *R. laxa* und *R. multiflora* tragen kleine weiße oder blassrosa, ungefüllte Blüten, *R. fortuneana* kleine, gefüllte weiße Blüten und 'Dr Huey' leuchtend rote, halbgefüllte Blüten. Hat der Wildtrieb allerdings bereits das Blühstadium erreicht, ist es wahrscheinlich schon zu spät, um ihn sicher zu entfernen, ohne die Rose irreparabel zu schädigen. Am besten ersetzt man gleich die ganze Pflanze oder schneidet die Wildtriebe von jetzt an regelmäßig zurück.

Hochstamm- oder Baumrosen bilden manchmal sehr gerade, aufrechte Triebe am Stamm. Sie sollten umgehend entfernt werden.

Fraßspuren

Es ist frustrierend, das Laub seiner Lieblingsrose durchlöchert oder die Triebe mit Schädlingen übersät vorzufinden. Ob Sie sich deswegen Sorgen machen müssen, hängt vom Schädling und der Schwere des Schadens ab.

• **Winzige Tierchen sitzen an frischen Blättern und Blütenknospen.** Es handelt sich um Blattläuse. Sie werden in der Regel 3–5 mm lang und sind oft grün, mitunter aber auch rosa oder schwarz. Die Überreste toter Tiere sind weiß und werden häufig mit Weißen Fliegen verwechselt. Blattläuse sind die wohl häufigsten Schädlinge an Rosen. Sie saugen ihren Saft und sondern klebrigen Honigtau ab, der oft von einem schwarzen Pilz besiedelt wird. Die Schädlinge vermehren sich mit atemberaubender Geschwindigkeit, sind zum Glück aber auch eine begehrte Nahrung für allerlei Insekten und Vögel und nehmen daher selten überhand. Bei starkem Befall kann man sie zerdrücken und abschütteln oder abwaschen.

• **Eine Art Fenstereffekt** auf den Blättern verursachen die Larven der Rosenblattwespe. Sie sitzen an der Unterseite und fressen das Blattgewebe, lassen aber die Oberseite unversehrt. Meist verursachen sie mit ihrem Schabefrass nur minimale Schäden, weshalb eine Bekämpfung nicht nötig ist.

• **Eingerollte Blätter** mit einer winzigen Larve darin sind das Werk der Rosenblattrollwespe. Durch Entfernen des Laubs richtet man meist mehr Schaden an als die Larve selbst.

• **Skelettierte Blätter,** von denen nur noch die Hauptadern übrig sind, werden von den Larven der Rosenbürstenhornwespe verursacht. Sie schlüpfen in großer Zahl und machen sich über das Laub her. Der Schaden ist zwar nicht schön anzusehen, in der Regel aber vernachlässigbar. Man kann die Larven entfernen oder Nützlingen und Vögeln als Nahrung lassen.

• **Runde Löcher im Laub** gehen auf das Konto von Blattschneiderbienen. Sie bringen die herausgeschnittenen Stücke in ihr Nest und füttern ihre Brut damit. Weil sie keine großen Schäden verursachen, lässt man sie gewähren und bewundert die präzise Feinarbeit.

• **Fehlen Knospen, frische Triebe oder ganze Blätter,** sind meist Hasen, Kaninchen oder Rotwild schuld, die alle sehr gern an Rosengewächsen naschen. Klassisches Schadbild bei Kaninchen- und Hasenfraß sind die fehlenden Blättchen, sodass nur noch die Blattstiele übrig sind, außerdem Kratzspuren im Boden und Kot. Größer und frustrierender sind meist Rotwildschäden, denn die Tiere fressen die Blütenknospen. Es gibt Fernhaltesprays, doch müssen sie regelmäßig angewendet und ausgewechselt werden, denn das Wild gewöhnt sich daran. Die einzige dauerhaft sichere Abschreckung ist ein Zaun. Als wesentlich preiswertere Alternative kom-

Blattläuse

Larven der Rosenblattwespe

Rosenblattrollwespe

Rosenbürstenhornwespe

Blattschneiderbiene

Sternrußtau

Falscher Mehltau

Cercospora

men 4–5 im Abstand von 30 cm gespannte Angelschnüre in Betracht. Rehe und Hirsche sehen sie nicht, erschrecken (hoffentlich) und suchen sich ihre Happen anderswo. Man kann auch *Rosa rugosa* und ihre Hybriden pflanzen, deren sehr stachelige Triebe das Rotwild vielleicht fernhalten.

Flecken und Verfärbungen auf Blättern und Trieben

Eine ganze Reihe von Krankheiten verursacht diese Symptome. Manchmal sind sie schwierig auseinanderzuhalten.

- **Schwarze oder schwarzbraune runde Flecken** werden vom Sternrußtau verursacht. Sie befinden sich auf der Blattoberseite, haben einen Durchmesser von 5–10 mm und einen verschwommenen Rand. Manchmal gehen Linien von ihnen aus. Sternrußtau ist die wahrscheinlich häufigste Rosenkrankheit. Bei starkem Befall verschmelzen die Flecken, dazwischen färben sich die Blätter gelb. Im schlimmsten Fall verliert die Rose ihr gesamtes Laub. Das schwächt und verunstaltet sie.

  Begünstigt wird Sternrußtau durch anhaltende Nässe auf dem Laub. Deshalb sollte man Rosen tagsüber wässern statt frühmorgens oder abends. Rosen unterscheiden sich in ihrer Widerstandskraft gegen Sternrußtau stark: Manche Sorten sind völlig resistent, andere sehr anfällig. Das Gros fängt sich irgendwann Sternrußtau ein, doch wenn der Befall nicht zu stark ist, kann man damit leben. Besprühen Sie das Laub mit einem Blattdünger (möglichst auf Seetangbasis), sobald Sie die ersten schwarzen Flecken bemerken. Oder noch besser: Verabreichen Sie ihn regelmäßig ab dem Saisonstart. Wenig widerstandsfähige Sorten schützt man, indem man ihnen optimale Wuchsbedingungen bietet. Blätter werden nur bei starkem Befall entfernt, denn solange sie noch teilweise grün sind, tragen sie zur Fotosynthese bei – fehlen sie, wird die Pflanze geschwächt. Auch ein geeignetes, zugelassenes biologisches Pflanzenschutzmittel aus dem Fachhandel kann helfen.
- **Dunkle (oft dunkelviolette), unregelmäßig geformte Flecken** können ein Anzeichen für Falschen Mehltau sein. Sie haben meist klare Konturen und werden von den Adern auf der Blattoberseite begrenzt. Falscher Mehltau verursacht oft starken Laubfall – bei anfälligen Sorten sogar schon, wenn noch kaum Flecken sichtbar sind. Mitunter zeigen sich auch an den Trieben kleine, violette Verfärbungen. Falscher Mehltau tritt besonders bei anhaltend feuchtem Wetter im Frühjahr und Herbst auf. Wässern Sie wie bei Sternrußtau in der wärmsten Tageszeit, damit das Laub nur möglichst kurz nass ist. Die einzelnen Sorten sind unterschiedlich.
- **Kleine, dunkle, 5 mm große Flecken**, die sich zu Ringen mit grauer Mitte entwickeln, deuten auf einen Befall durch *Cercospora*- oder

Anthraknose-Pilze hin. Allzu viel Schaden verursachen sie nicht. Wie beim Sternrußtau und dem Falschen Mehltau gibt es anfällige und weniger anfällige Sorten. Anhaltende Nässe auf dem Laub begünstigt einen Befall.

- **Ein weißer, pulvriger Überzug** auf Blättern und frischen Trieben ist auf eine Infektion mit Echtem Mehltau zurückzuführen, der gelegentlich auch zu verkrüppelten Jungblättern führt. Er ist sehr sortenspezifisch – manche Wichurana-Rambler wie 'Dorothy Perkins' sind ausgesprochen empfindlich. Ein zu trockener Wurzelraum oder schwülwarme Witterung machen eine Infektion wahrscheinlicher. Anhaltende Nässe reduziert die Infektionsgefahr. Der Pilz überwintert in Trieben und Knospen in der Rose, schneiden Sie befallene Pflanzenteile vom Vorjahr daher bereits im Frühjahr großzügig aus.
- **Kleine gelbe Flecken** auf der Blattoberseite mit orangen Pusteln auf der Unterseite deuten auf einen Rostpilz hin. Die orangen Flecken auf der Unterseite werden mit der Zeit schwarz. Rost kann zu starkem Blattverlust und einer generell reduzierten Wüchsigkeit führen. Die Widerstandskraft gegen Rost unterscheidet sich von Sorte zu Sorte stark. Eine Eindämmung ist schwer, deshalb ist es besonders wichtig, resistente Sorten zu wählen.
- **Fleckiges Laub** ohne sichtbare Verfärbungen auf der Unterseite ist vermutlich das Werk von Zwergzikaden. Die rund 5 mm langen Sauginsekten fliegen oder hüpfen von der Pflanze, wenn sie gestört werden. Weil sie kaum größere Schäden verursachen, können sie ignoriert werden.

Zeigen sich jedoch auf der Blattoberseite Flecken und Verfärbungen, während auf der Unterseite winzige, insektenartige Tierchen sitzen, ist die Rose von der Roten Spinnmilbe befallen. Sie ist mit bloßem Auge kaum sichtbar und saugt Saft aus dem Laub, was die Pflanze schwächt. Lässt man sie gewähren, bilden sie mit der Zeit ein spinnennetzartiges Geflecht an den Triebspitzen. Rote Spinnmilben kommen zwar auch in kühlem Klima vor, sind aber in heißen, trockenen Regionen ein größeres Problem und können dort auch ernsthafte Schäden verursachen. Durch regelmäßiges Besprühen der Blattunterseiten mit Wasser kann man den Befall etwas eindämmen.

- **Helle Blattverfärbungen** sind ein Hinweis auf Chlorose. Sie entsteht, wenn die Rose an Nährstoffmangel leidet oder der pH-Wert des Bodens zu hoch oder zu niedrig ist. Was genau die Ursache ist, lässt sich mit einem Labortest (S. 225) herausfinden – in den meisten Fällen handelt es sich um einen Eisen-, Stickstoff- oder Magnesiummangel. Mit einem entsprechenden Dünger kann man gegensteuern.

Echter Mehltau

Rost

Flecken (Ursache: Zwergzikaden)

Zwergzikaden

Rote Spinnmilben

Chlorose

Verkrüppelte Blätter

Blüte öffnet sich nicht

Verkrüppelte Blätter

Rosen reagieren sehr empfindlich auf Herbizide wie Glyphosat und selektive Unkrautvernichtungsmittel, etwa für Rasen. Sie sollten in Hausgärten überhaupt nicht eingesetzt werden, und wenn doch, dann nicht in der Nähe von Rosen oder wenn der Wind in ihre Richtung weht. Die Symptome sind unverkennbar: Die Blätter bleiben sehr klein, die Blättchen überaus schmal. Je nach Dosis geht die ganze Rose ein.

Die Blüten öffnen sich nicht

Diese Störung kommt bei feuchter Witterung vor; Sorten mit vielen weichen Kronblättern sind anfälliger. Man kann die Blüte eventuell retten, wenn man die äußeren Blütenblätter wegzupft, damit sich die inneren entfalten. Bessert sich das Wetter, öffnen sich frische Blüten wieder normal.

Die besten Gegenmaßnahmen

Wenn eine unserer Lieblingspflanzen Probleme bekommt, hätten wir alle gern ein Zaubermittel. Da es das nicht gibt, probieren Sie es am besten mit langfristigen Gegenmaßnahmen wie guter Pflege – und Geduld.

Natürliche Lösungen

Ein natürlicher Ansatz zur Bekämpfung von Problemen ist eine gute Vorbeugung gemäß den Empfehlungen auf S. 223 und eine optimale Pflege von Boden und Pflanzen in Ihrem Garten. Ein Flüssigblattdünger (mit Seetang, Knoblauch oder etwas Ähnlichem), der bereits angewendet wird, bevor Probleme auftreten, ist oft die beste Medizin bei Krankheiten. Rosen völlig ohne Schädlinge und Krankheiten sind ein Wunschtraum – akzeptieren Sie lieber einen geringen Befall. Vielleicht tröstet Sie es ja zu wissen, dass gerade Schädlinge eine Nahrungsquelle für Tiere in Ihrem Garten sind.

Einsatz von Chemikalien

Chemische Mittel sollten lediglich als letzter Ausweg in Betracht gezogen werden. In manchen Ländern sind Fungizide und Pestizide für spezifische Probleme erhältlich, doch müssen sie verantwortungsbewusst angewandt werden, denn sie können sich nachteilig auf die Umwelt auswirken. Fungizide gegen Sternrußtau und Mehltau werden vorbeugend eingesetzt. Setzen Sie generell nur nützlingsschonende Pestizide ein. Wenden Sie die Präparate an einem windstillen Tag an, damit Sie kontrolliert auf der Pflanze landen, und schützen Sie sich und Haustiere davor.

Glossar

Absenken
Eine Vermehrungsmethode, bei der ein Trieb noch während er mit der Mutterpflanze verbunden ist am Boden befestigt wird, um Wurzeln zu bilden (S. 212).

Containerware
Eine Pflanze, die im Handel in einem Pflanzgefäß mit Erde verkauft wird.

Dicht gefüllte Blüte
Eine Blüte mit mindestens 60 Kronblättern. Durch die Vielzahl der Kronblätter bildet sie oft eine Rosettenform. Die Staubblätter fehlen oder sind selbst dann verdeckt, wenn die Blüte geöffnet ist.

Einjährige
Pflanzen, die ihren Lebenszyklus von der Keimung über die Blüte bis zur Aussaat und dem Absterben innerhalb einer Wachstumssaison vollenden.

Einmalblühend
Eine Rose, die in einer Saison nur einmal blüht.

Empfindlich
Bezeichnung für eine nicht winterharte Pflanze.

Erziehung
Eine Methode der Wuchskontrolle. Die einzelnen Triebe werden dabei in eine bestimmte Richtung geführt und fixiert, damit sie besser blühen und eine Fläche dichter bedecken.

Fremdbestäubung
Die Bestäubung der Blüte einer Pflanze durch den Pollen einer anderen Pflanze derselben Art.

Gefüllte Blüte
Eine Blüte mit mindestens 30 Kronblättern, an der die Staubblätter fehlen oder (zumindest anfangs) nicht sichtbar sind.

Hagebutte
Die Frucht einer Rose. Sie enthält die Samen und bildet sich meist im Herbst. Farbenfrohe Hagebutten sind ein dekorativer herbstlicher Gartenschmuck und zugleich Nahrung für Vögel.

Halbgefüllte Blüte
Eine Blüte mit mehr Kronblättern als eine ungefüllte Blüte, aber weniger Kronblättern als eine gefüllte Blüte, meist 8–14 Stück.

Hochstamm
Ein auf eine Unterlage veredelter Strauch mit einem unbewachsenen, einzelnen Stamm, durch den die Rose eine baumähnliche Form bekommt.

Kronblätter (Petalen)
Die meist farbenfrohen Blütenblätter einer Blüte.

Mehrjährig
Eine Pflanze mit einer Lebensspanne von mindestens drei Jahren. Mehrjährige Pflanzen, die zum Saisonende einziehen, werden Stauden genannt.

Mulch
Eine Schicht aus organischem Material, etwa Tierdung, Kompost oder Hackschnitzel, die auf der Erdoberfläche verteilt wird. Sie soll die Verdunstung von Bodenfeuchtigkeit verhindern, Unkraut unterdrücken und die Erde schützen und düngen.

NPK
Die Abkürzung für Stickstoff, Phosphor und Kalium, die in Düngern üblicherweise enthaltenen Elemente. Meist als Mengenverhältnis angegeben, z. B. 5:5:10.

Öfterblühend (remontierend)
Eine Rose, die in einer Saison in mindestens zwei Schüben blüht.

Okulation
Siehe Veredelung.

pH-Wert
Das Maß für den sauren bzw. alkalischen Charakter von Böden oder Kompost. Der pH-Wert wird auf einer Skala von 1 bis 14 angegeben und kann mit einem einfachen Testsatz aus dem Handel bestimmt werden (S. 208). Rosen brauchen in etwa einen neutralen Wert zwischen 6 und 7,5.

Remontierend
Siehe öfterblühend.

Solitär
Eine Pflanze mit einer so ansprechenden Form, dass sie einzeln stehen oder als Blickfang und Mittelpunkt einer Pflanzung eingesetzt werden kann.

Steckling
Ein Triebabschnitt, der von einer Pflanze abgeschnitten und für die vegetative Vermehrung genutzt wird (S. 212).

Ungefüllte (einfache) Blüte
Eine Blüte mit einer einzigen Reihe von Kronblättern, meist 5–7, in einigen Fällen aber auch lediglich 4.

Unterlage
Eine Pflanze, die das Wurzelsystem für eine veredelte Pflanze liefert.

Veredelung
Eine von gewerblichen Züchtern angewandte Methode, bei der eine künstliche Verbindung zwischen zwei Pflanzen geschaffen wird. Die Knospe (Auge) oder der Trieb (Edelreis) der gewünschten Pflanze wird auf den Ansatz (die Unterlage) einer anderen Pflanze aufgesetzt, um einen kräftigen Wuchs zu erreichen und rasch eine große Pflanze zu bekommen (S. 212).

Verjüngung
Der Rückschnitt aller Triebe bis fast zum Boden, um die Bildung frischer Triebe aus der Basis zu erreichen. Normalerweise werden Rosen verjüngt, die jahrelang nicht angemessen geschnitten wurden.

Wildrose
Eine natürlich vorkommende Rosenart (S. 64).

Wildtrieb
Ein Trieb, der direkt aus den Wurzeln wächst. Veredelte Rosen bilden gelegentlich Wildtriebe. Sie müssen entfernt werden (S. 225).

Winterhärte
Sie gibt Auskunft darüber, wie viel Kälte eine Pflanze verträgt. In Deutschland ist eine Einteilung in 10 Zonen gebräuchlich. Sie reicht von Zone 1 (Pflanze übersteht bis –45 °C) bis Zone 10 (Pflanze übersteht höchstens 1 °C). Als winterhart gelten in Mitteleuropa je nach Lage Pflanzen mit einer Winterhärte von 6 (–23 °C) oder 7 (–18 °C).

Wurzelware
Pflanzen, die im Handel wurzelnackt angeboten werden. Der Verkauf erfolgt meist während der Ruhephase der Pflanze im Winter.

Rosengärten

Rosenliebhaber finden in ganz Europa eine Vielzahl öffentlich zugänglicher Rosengärten (Rosarien). Hier eine Auswahl der schönsten Rosengärten in Deutschland, Österreich, der Schweiz und Südtirol.

Deutschland

Europa-Rosarium Sangerhausen
Das bereits 1903 gegründete Rosarium besitzt angeblich die größte Rosensammlung der Welt. 8700 Rosenarten und -sorten aus 57 Rosenklassen sind hier auf über 12 Hektar versammelt – insgesamt rund 80 000 Sträucher. Die Anlage ist nicht nur ein Schaugarten, sondern auch ein Freizeit- und Veranstaltungsort mit vielerlei Events, einem Café und einem Infozentrum über Rosen. Zudem kann man an Schnitt- und Veredelungskursen teilnehmen.
www.europa-rosarium.de

Rosengarten Bamberg
Der Rosengarten befindet sich im Innenhof der Residenz. Er entstand auf dem Areal eines Renaissancegartens aus dem 16. Jahrhundert und enthält rund 70 von Buchsbaumhecken eingefasste Beete mit etwa 4500 Rosen.
www.schloesser.bayern.de/deutsch/garten/objekte/bamberg.htm

Park Rosenhöhe Darmstadt
Der Park wurde Anfang des 19. Jahrhunderts als Landschaftsgarten angelegt. Das Rosarium kam um 1900 dazu. Es enthält rund 10 000 Rosenpflanzen in etwa 200 Sorten. Ein Schwerpunkt sind Sorten aus dem beginnenden 20. Jahrhundert. Das Highlight der terrassierten Anlage ist der Rosendom auf einem Hügel.
www.park-rosenhoehe.info/

Deutsches Rosarium im Westfalenpark Dortmund
Die Gärten und Pflanzungen im Dortmunder Westfalenpark enthalten rund 2600 Sorten und Arten. Sie sind jedoch keine reinen Schaugärten, sondern zeigen die Rosen auch in Verbindung mit Stauden und Gehölzen, sodass man sich vielerlei Gestaltungsideen holen kann. Hinzu kommen zahlreiche Beispielgärten, die über die Vielfalt der Rosen, ihre Geschichte, Züchtung und Verwendung informieren. Sie sind entlang eines Rosenwegs mit 38 Stationen gruppiert.
www.dortmund.de/de/freizeit_und_kultur/westfalenpark_dortmund/rosarium/start_rosarium/index.html

Rosendorf Steinfurth
Bad Neuheim
Diese Anlage enthält Rosengärten von vier privaten Anbietern. Sie zeigen insgesamt mehr als 100 000 Rosen und 3000 Sorten, die die gesamte Palette der Rosenklassen und -gruppen abdeckt. In Schaugärten kann man sich Inspiration für den eigenen Garten holen. Ein Rosenmuseum informiert über die Kunst- und Kulturgeschichte der Rose. Alle zwei Jahre findet ein Rosenfest statt.
www.das-rosendorf.de

Rosarium Uetersen
Das Rosarium, einer der ältesten und größten Gärten seiner Art in Norddeutschland, wurde Anfang des 20. Jahrhunderts gegründet. Er umfasst auf einer Fläche von sieben Hektar über 30 000 Rosen von 900 Rosensorten. Besonderheiten sind der Duftgarten und der Rosenlehrgarten. Ein Rosenfest, Führungen und Konzerte ergänzen das Angebot.
www.rosarium-uetersen.de

Europas Rosengarten
Zweibrücken
Im drittgrößten Rosarium Deutschlands sind auf 50 000 Quadratmetern mehr als 45 000 Rosenstöcke von 1500 Sorten versammelt.
www.rosengarten-zweibruecken.de

Österreich

Rosengarten im Volksgarten
Wien
400 Rosensorten soll man hier bestaunen können, knapp 1000 Hochstammrosen, 4000 Beetrosen und fast 200 Strauchrosen, die meisten davon beschriftet.
www.viennatouristguide.at/Altstadt/Volksgarten/volksgarten_rosen.htm

Rosarium
Baden
Der Rosengarten ist Teil des acht Hektar großen Doblhoffparks und das größte Rosarium in Österreich. Er entstand 1967 bis 1969 und gilt als einer der schönsten Gärten seiner Art in ganz Österreich. 30 000 Einzelpflanzen in 600 Sorten wachsen hier. Zentrales Element ist ein Garten im Barockstil.
www.tourismus.baden.at/badener-rosarium-1

Rosarium
Bad Sauerbrunn
Der Rosengarten ist Teil eines Kurparks und wurde 2003 von Rosenfreunden angelegt. Rund 300 Sorten und 1600 Rosen kann man auf einer Fläche von 4000 Quadratmetern bewundern. Besonderheiten sind ein Duftrosenweg für Menschen mit Sehbehinderung, das jährliche Rosenfest und ein Rosenbrunnen.
www.rosarium.at

Schweiz

Rosengärten in Rapperswil
Kein einzelnes Rosarium, sondern eine Ansammlung öffentlicher und privater Rosengärten in der Altstadt von Rapperswil. Besonders sehenswert: der Garten am Schlossberg mit 150 Sorten, bestehend aus Polyantha-Rosen und Teehybriden, das Einsiedlerhaus mit Beet- und Hochstammrosen und der Duftgarten für Sehbehinderte.
www.rapperswil-zuerichsee.ch/de/besuchen/touren-ausfluege/rosengaerten

Rosengarten
Bern
Der Rosengarten im Berner Schlosshaldequartier entstand 1917. Er enthält über 200 Rosenarten, aber auch zahlreiche Rhododendren und japanische Kirschbäume. Ein Erlebnis ist der Blick auf die Altstadt von Bern.
www.bern.com/de/detail/rosengarten

Südtirol

Rosarium Uhrerhof
Pufels
Der wohl höchstgelegene Rosengarten Europas befindet sich auf 1500 Meter Meereshöhe im Grödnertal. Er entstand 2009 und umfasst 250 Sorten.
www.uhrerhof.com/de/ambiente/rosarium.html

Register

Kursive Seitenzahlen beziehen sich auf Abbildungen.

S

T

V

W

Z

Dank und Bildnachweis

Dank des Autors

Ich danke Chris Young, weil er mir vorgeschlagen hat, dieses Buch zu schreiben, außerdem meiner Partnerin Rosie Irving, die mich trotz meiner Zweifel überzeugt hat, dass es eine gute Idee sei. Ihre immer positive Einstellung hat mir viel geholfen.

Ein Dank geht an das DK-Team, weil es ein so schönes Buch zuwege gebracht hat. Zum Team haben gehört: Ruth O'Rourke, Amy Slack, Jane Birdsell, Emily Hedges, Vicky Read und Glenda Fisher.

Viel verdanke ich dem verstorbenen David Austin, der mich trotz meines damals begrenzten Wissens als Manager seines Zuchtbetriebs eingestellt hat.

In der Rosenwelt gibt es viele, denen ich zu Dank verpflichtet bin, weil sie mit mir über Rosen in all ihrer Vielfalt gesprochen haben. Nennen möchte ich speziell Richard Stubbs und Stephen Parnham von David Austin Roses, Thomas Proll von Kordes Rosen, John Anthony als Vorsitzenden der britischen Rosengesellschaft, Charles und Brigid Quest-Ritson, sowie Paul Zimmerman von Paul Zimmerman Roses.

Dank des Verlags

Für ihre Hilfe beim Beschaffen des Bildmaterials für dieses Buch dankt DK Howard Rice, Eriko Nakakawaji, Thomas Proll (Kordes Rosen) und Stephen Parnham. Ein weiterer Dank geht an Francesco Piscitelli für das Korrektorat, Vanessa Bird für die Erstellung des Registers und Vagisha Pushp für die Vorbereitung des Bildnachweises.

Bildnachweis

Der Verlag dankt folgenden Personen, Unternehmen und Organisationen für ihre freundliche Genehmigung zur Wiedergabe des Bildmaterials:

(Abkürzungen: **o** = oben, **u** = unten, **m** = Mitte, **l** = links, **r** = rechts, **g** = ganz)

2-3 Clive Nichols: Wynyard Hall, County Durham. **9 Bridgeman Images. 10 Bridgeman Images**: © Fitzwilliam Museum). **13 Alamy Stock Photo**: Artepics. **15 Bridgeman Images**: mit freundlicher Genehmigung durch Julian Hartnoll. **19 Howard Rice**: The David Austin Rose Gardens, Shropshire, GB. **20-21 Clive Nichols**: Glyndebourne, East Sussex. The Mary Christie Rose Garden. **22 Howard Rice**: Hatton Grange, Shropshire, GB. **25 Clive Nichols**: André Eve Garden, Frankreich. **26 Englischer Garten von Yokohama**: Y. Sakurano. **28 Clive Nichols**: Manor Farm, Cheshire. **30 Marianne Majerus. 31 Howard Rice. 32 Clive Nichols. 34 © Andrea Jones/Garden Exposures Photo Library. 35 Jonathan Buckley. 37 © Andrea Jones/Garden Exposures Photo Library. 38-39 Hervé Lenain**: Les Jardins de Roquelin. **40 Alamy Stock Photo**: Michael Wheatley Photography. **41 Marianne Majerus**: Gestaltung: Rupert Wheeler und Paul Gazerwitz. **43 Englischer Garten von Yokohama**: Y. Sakurano. **44 Carolyn Parker. 46 © Andrea Jones/Garden Exposures Photo Library. 47 Clive Nichols**: Ellicar Gardens bei Doncaster. **50 © Andrea Jones/Garden Exposures Photo Library. 51 Rachel Warne**: / Jo Thompson. **53 Howard Rice. 54-55 Clive Nichols**: Rockcliffe Garden, Gloucestershire. **57 Alamy Stock Photo**: Lioneska. **58 © Andrea Jones/Garden Exposures Photo Library. 59 GAP Photos. 62 ul GAP Photos**: Howard Rice/Cambridge University Botanic Gardens; **um GAP Photos**: Jonathan Buckley; **ur GAP Photos**: Nova Photo Graphik. **63 Clive Nichols**: Mottisfont Abbey, Hampshire. **64 ul GAP Photos**: Michael Howes. **64 ml GAP Photos**: Ian Thwaites. **65 Howard Rice. 66 GAP Photos**: Carole Drake/Garden: Westbrook House, Somerset; Eigentümer und Gestalter: Keith Anderson und David Mendel. **67 GAP Photos**: Nicola Stocken. **68 GAP Photos**: Christa Brand. **69 GAP Photos**: Keith Burdett. **70 ml GAP Photos**: Howard Rice, **u Jonathan Buckley. 71 Jonathan Buckley. 72 Howard Rice. 73 Marianne Majerus**: Gestaltung: Rachel Bebb. **74 gol GAP Photos**: Christina Bollen; **ml GAP Photos**: Howard Rice. **75 mr GAP Photos**: Howard Rice; **ur GAP Photos**: Richard Bloom. **76 David Austin Roses. 77 Marianne Majerus**: Gestaltung: Acres Wild. **78 Marianne Majerus. 79 GAP Photos**: Howard Rice. **80 Marianne Majerus**: Rymans, Sussex. **81 GAP Photos**: Howard Rice/The Manor House, Stevington. **82 John Glover. 83 Marianne Majerus**: Gestaltung: Dominick Murphy, Irland. **84 ml GAP Photos**: Howard Rice; **ul © Andrea Jones/Garden Exposures Photo Library. 85 © Andrea Jones/Garden Exposures Photo Library. 89 Rachel Warne**: Gestaltung: Jo Thompson. **90 GAP Photos**: Fiona Lea. **91 GAP Photos**: Howard Rice. **92 go Lens Roses; u Alamy Stock Photo**: Lindsay Constable. **93 mr David Austin Roses; ur Lens Roses. 95 gol GAP Photos**: Ron Evans; **gor GAP Photos**: Richard Wareham; **ul Lens Roses; ur Kordes Rosen. 96 Howard Rice**: Wynyard Hall Rose Garden, County Durham, GB. **97 mro GAP Photos**: Howard Rice; **ur Alamy Stock Photo**: Avalon. red. **98 ul Lens Roses. 98-99 Marianne Majerus**: Parc Thermal de Mondorf-les-Bains, Luxembourg. **99 ur Lens Roses. 101 gor GAP Photos**: Howard Rice/David Austin Roses; **gor Clive Nichols**: André Eve Rose Nursery, Frankreich; **ul GAP Photos**: J S Sira; **ur David Austin Roses. 102 Marianne Majerus. 103 go GAP Photos**: Carole Drake - Garden: Westbrook House, Somerset; Eigentümer und Gestalter: Keith Anderson und David Mendel; **u GAP Photos**: Howard Rice. **104 gol GAP Photos**: Howard Rice; **gor Kordes Rosen. 105 l Marianne Majerus; m Getty Images/iStock**/schnuddel **m**

GAP Photos: Tim Gainey. **106-107 Marianne Majerus**: Gestaltung: Acres Wild. **107 ur David Austin Roses. 108 gol GAP Photos**: Joanna Kossak/ Gestalterin: Claudia de Yong; **ur GAP Photos**: Dave Zubraski. **109 GAP Photos**: Howard Rice/Wynyard Hall Rose Garden, Stockton-on-Tees. **110 go GAP Photos**: Richard Bloom; **ul Botanikfoto**: Steffen Hauser. **111 go GAP Photos**: Rob Whitworth **111 u GAP Photos**: Jonathan Buckley. **112 gol Marianne Majerus**: Helmingham Hall, Suffolk; **gom Lens Roses; gor BARB**: Pépinières Georges Delbard. **113 gol GAP Photos**: Jo Whitworth; **gom David Austin Roses; gor Howard Rice. 114 ul GAP Photos**: Richard Wareham. **114-115 Clive Nichols**: Wynyard Hall, County Durham. **115 ur Alamy Stock Photo**: Matthew Taylor. **117 gol GAP Photos; gor and ul © Andrea Jones/Garden Exposures Photo Library; ur GAP Photos**: Sonia Hunt. **118 GAP Photos**: Jonathan Buckley. **119 GAP Photos**: Howard Rice. **120 gol Kordes Rosen; gor GAP Photos**: Visions. **121 gol Marianne Majerus; gom © Andrea Jones/Garden Exposures Photo Library; gor Kordes Rosen. 122 go Kordes Rosen; u David Austin Roses. 123 GAP Photos**: Howard Rice. **124 Kordes Rosen. 125 go Harkness Roses; u GAP Photos**: Richard Wareham. **127 gol GAP Photos**: Friedrich Strauss; **gor GAP Photos**:Tim Gainey; **ul Kordes Rosen; ur GAP Photos. 128 ml Kordes Rosen; ul GAP Photos**: FhF Greenmedia. **128-129 GAP Photos**: Clive Nichols/ André Eve Rose Nursery, Frankreich. **130 go GAP Photos**: Howard Rice; **u Kordes Rosen. 131 GAP Photos**: Tommy Tonsberg. **133 gol GAP Photos**: Julie Dansereau; **gor Howard Rice; ul GAP Photos**: Jacqui Dracup; **ur Kordes Rosen. 134 ul Rosen Tantau; 134-135 GAP Photos**: Robert Mabic. **135 ur GAP Photos**: Jonathan Need. **136 Botanikfoto**: Hans-Roland Mülle. **137 Shutterstock.com**: mcajan. **139 gol GAP Photos**: Pernilla Bergdahl; **gor und ul GAP Photos**: Howard Rice; **ur Alamy Stock Photo**: Sharon Talson. **140 go GAP Photos**: Howard Rice/Madingley Hall, Cambridge; **u Marianne Majerus. 141 go Shutterstock.com**: Jiang Tianmu; **u GAP Photos**: Zara Napier. **142 go GAP Photos**: Nicola Stocken; **ur Jonathan Buckley. 143 go GAP Photos**: Jonathan Buckley; **u Howard Rice. 144 gol GAP Photos**: Rob Whitworth; **gom GAP photos**: Ellen Rooney; **gor GAP Photos John Glover. 145 gol GAP Photos**: Nicola Stocken; **gom David Austin Roses; gor GAP Photos**: Mark Bolton. **146 go GAP Photos**: Rob Whitworth; **u Marianne Majerus**: Bramdean House, Hampshire. **147 go GAP Photos**: Martin Hughes-Jones; **u GAP Photos**: Annie Green-Armytage. **148-149 Marianne Majerus**: Gestaltung: Acres Wild. **149 ur GAP Photos**: Sabina Ruber. **151 gol Alamy Stock Photo**: Imagebroker; **gor Alamy Stock Photo**: Jane Tregelles; **ul GAP Photos**: Howard Rice; **ur Shutterstock.com**: Sergey V. Kalyakin. **152 GAP Photos**: Howard Rice. **153 gor Alamy Stock Photo**: flowerphotos; **u** Sergey Kalyakin. **154 go Harkness Roses; u GAP Photos**: Jacqui Dracup. **155 gol Dreamstime.com**: André Muller; **gom Kordes Rosen; gor GAP Photos**: Rachel Warne. **156-157 GAP Photos**: Jonathan Buckley/David Austin Roses. **157 ur David Austin Roses. 158 go Lens Roses; u Stephen Parnham. 159 GAP Photos**: Howard Rice. **160 go Marianne Majerus; u Botanikfoto**: Hans-Roland Mülle. **161 go Marianne Majerus; u GAP Photos**: Martin Hughes-Jones. **162 go Michael Marriott; u GAP Photos**: Jonathan Buckley. **163 © Andrea Jones/Garden Exposures Photo Library.** 164 GAP Photos: Howard Rice. **165 GAP Photos**: Howard Rice/Wynyard Hall Rose Garden, Stockton-on-Tees. **166 gol ©MEILLAND INTERNATIONAL; gom und gor Kordes Rosen. 167 gol Alamy Stock Photo**: P Tomlins; **gom Jason Ingram; gor Kordes Rosen. 168 ul Shutterstock.com**: Clickmanis. **168-169 Howard Rice. 170 GAP Photos**: Howard Rice. **171 go GAP Photos**: Maddie Thornhill; **u GAP Photos**: Nicola Stocken. **172 und 173 Marianne Majerus. 174 gol GAP Photos**: Howard Rice; **gor Alamy Stock Photo**: Jane Tregelles. **175 gol Alamy Stock Photo**: Organica; **gom Alamy Stock Photo**: Matteo Omied; **gor Kordes Rosen. 176 Kordes Rosen. 177 David Austin Roses. 178 o GAP Photos**: Heather Edwards; **u David Austin Roses. 179 go GAP Photos**: Christa Brand; **u Shutterstock.com**: Sergey V. Kalyakin. **181 gol GAP Photos**: Geoff du Feu; **gor GAP Photos**: Ron Evans; **ul GAP Photos**: Tim Gainey; **ur GAP Photos**: Ron Evans. **182 GAP Photos**: Carole Drake/Garden: Westbrook House, Somerset; Eigentümer und Gestalter: Keith Anderson und David Mendel. **183 go GAP Photos**: Richard Wareham; **u GAP Photos**: Martin Hughes-Jones. **184 ul Alamy Stock Photo**: Deborah Vernon. **184-185 Jonathan Buckley. 185 ur Shutterstock.com**: InfoFlowersPlants. **186 gol ©MEILLAND INTERNATIONAL; gom Kordes Rosen; gor GAP Photos**: Howard Rice. **187 gol GAP Photos**: Tommy Tonsberg; **gom Kordes Rosen; gor GAP Photos**: Nicola Stocken **188 go GAP Photos**: Lynn Keddie; **ur Kordes Rosen. 189 gor und ur Kordes Rosen. 191 gol Michael Marriott; gor GAP Photos**: Howard Rice/David Austin Rose Gardens, Albrighton, Wolverhampton; **ul Kordes Rosen; ur Howard Rice. 192 gol und um GAP Photos**: Howard Rice. **193 GAP Photos**: Jacqui Dracup. **194 gol Jason Ingram; gor GAP Photos**: Nova Photo Graphik. **195 gol und gom Shutterstock.com**: Sergey V. Kalyakin; **gor GAP Photos**: Jenny Lilly. **196-197 Marianne Majerus. 197 ur Lens Roses. 198 GAP Photos**: Howard Rice/David Austin Rose Gardens, Shropshire. **199 gor GAP Photos**: Jonathan Buckley/David Austin Roses; **ur GAP Photos**: Howard Rice. **201 gol Alamy Stock Photo**: blickwinkel/Dautel; **gor GAP Photos**: Howard Rice; **ul Marianne Majerus**: Gestaltung: Diann Grafton; **ur Alamy Stock Photo**: Imagebroker/Arco/J. Pfeiffer. **202 ul GAP Photos**: Howard Rice. **202-203 GAP Photos**: Jonathan Buckley/David Austin Roses. **203 ur GAP Photos**: Rob Whitworth. **226 go Nature Picture Library**: Nigel Cattlin; **om Professor Stefan Buczacki; um Howard Rice; u Minden Pictures**: Nigel Cattlin. **227 go Nature Picture Library**: Nick Upton; **om Professor Stefan Buczacki; um und u Kordes Rosen. 228 go Professor Stefan Buczacki; om GAP Photos**: Geoff Kidd; **um Getty Images/iStock**: Natalya Vilman; **u Kordes Rosen. 229 o Nature Picture Library**: Nigel Cattlin. **om und u Howard Rice; um Kordes Rosen.**

Cover:
Vorn: Alamy Stock Photo: Avalon.red / Photos Horticultural
Hinten: GAP Photos: Howard Rice

Alle anderen Abbildungen © Dorling Kindersley

Zitatnachweis
24 William Robinson: The English Flower Garden – Style, Position, and Arrangement. Erstveröffentlichung 1883. Nachdruck: Cambridge University Press, 2011

DK | Penguin Random House

Für Rosie, die bis vor Kurzem
keine Rosen mochte

DK London
Lektorat Amy Slack, Jane Birdsell, Ruth O'Rourke, Chris Young, Katie Cowan
Gestaltung und Bildredaktion Glenda Fisher, Vicky Read, Emily Hedges, Marianne Markham, Maxine Pedliham
Umschlaggestaltung Maxine Pedliham, Jasmin Lennie
Herstellung David Almond, Rebecca Parton

Royal Horticultural Society
Fachliche Beratung Simon Maughan
Lektorat Rae Spencer-Jones

Für die deutsche Ausgabe:
Verlagsleitung Monika Schlitzer
Programmleitung Heike Faßbender
Redaktionsleitung Dr. Kerstin Schlieker
Projektbetreuung Manuela Stern
Herstellungsleitung Dorothee Whittaker
Herstellungskoordination Claudia Rode
Herstellung und Covergestaltung Sabine Hüttenkofer

Titel der englischen Originalausgabe:
RHS Roses

Übersetzung Reinhard Ferstl
Lektorat Corina Steffl

ISBN 978-3-8310-4525-9

Druck und Bindung TBB, a.s., Slowakei

MIX
Papier | Fördert gute Waldnutzung
FSC www.fsc.org FSC® C018179

www.dk-verlag.de

Über den Autor

Schon in jungen Jahren begeisterte sich Michael Marriott für das Gärtnern. Doch erst als er Mitte der 1980er-Jahre für David Austin Roses zu arbeiten begann, entdeckte er die Welt der Rosen für sich. Als feste Größe im berühmten Zuchtbetrieb trug er entscheidend zur Popularisierung der Englischen Rosen bei. Seine Leidenschaft gilt den Rosen, die in all ihrer Vielfalt nicht nur zu den wichtigsten Gartenpflanzen überhaupt gehören, sondern in vielen Weltkulturen eine tragende Rolle spielen.

Michael Marriott hat viele Tausend private und öffentliche Rosengärten sowie -rabatten in aller Welt gestaltet, unter anderem die Royal Botanic Gardens in Kew, Queen Mary's Rose Garden im Londoner Regent's Park, Hampton Court Palace, Wynyard Hall, Trentham Gardens, den David-Austin-Rosengarten in der Nähe der japanischen Stadt Osaka und sogar einen Garten in Bhutan anlässlich der Hochzeit des Königspaares.

Er hält Vorträge, leitet rosenbezogene Gartenführungen und Workshops in Großbritannien sowie im Ausland und schreibt für diverse Magazine. 2020 überarbeitete er David Austins bekanntes Werk *The English Roses* (ACC Art Books).

Privat gärtnern Michael Marriott und seine Partnerin Rosie Irving nach biologischen Prinzipien, was er allen Gartenbesitzern mit Rosen nahelegt.

Noch mehr Spaß und Lesefreude

ISBN 978-3-8310-3783-4

ISBN 978-3-8310-4277-7

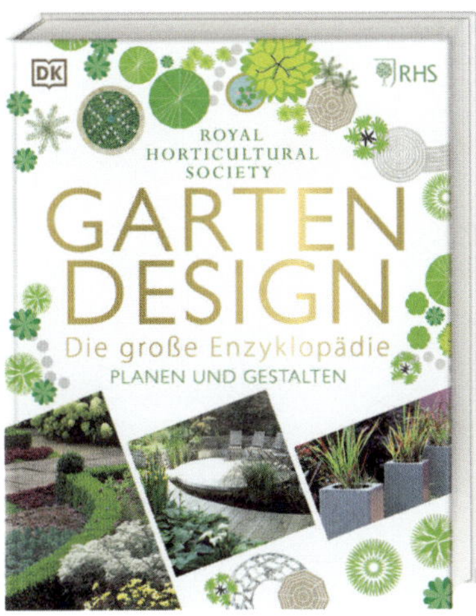

ISBN 978-3-8310-3898-5

ISBN 978-3-8310-4387-3

DK

www.dk-verlag.de